国家社科基金重大委托项目

微型金融监管的国际经验

▪ 潘功胜 编著

中国金融出版社

责任编辑：董　飞
责任校对：潘　洁
责任印制：程　颖

图书在版编目（CIP）数据

微型金融监管的国际经验（Weixing Jinrong Jianguan de Guoji Jingyan）/潘功胜编著. —北京：中国金融出版社，2015.3
ISBN 978-7-5049-7695-6

Ⅰ.①微…　Ⅱ.①潘…　Ⅲ.①金融监管—研究—世界　Ⅳ.①F831

中国版本图书馆 CIP 数据核字（2014）第 249367 号

出版
发行　中国金融出版社
社址　北京市丰台区益泽路 2 号
市场开发部　（010）63266347，63805472，63439533（传真）
网上书店　http://www.chinafph.com
　　　　　（010）63286832，63365686（传真）
读者服务部　（010）66070833，62568380
邮编　100071
经销　新华书店
印刷　利兴印刷有限公司
尺寸　169 毫米 × 239 毫米
印张　13.75
字数　155 千
版次　2015 年 3 月第 1 版
印次　2015 年 3 月第 1 次印刷
定价　38.00 元
ISBN 978-7-5049-7695-6/F.7255
如出现印装错误本社负责调换　联系电话（010）63263947

《微型金融监管的国际经验》
课题组成员名单

组　长：潘功胜

成　员：纪志宏　陆　磊　纪　敏　王均坦
　　　　雷　曜　祝红梅　伍旭川　徐金伟
　　　　张立光　刘　念　石　峰　王亮亮
　　　　王　冲　陈秀权

感谢国际金融公司（IFC）总裁蔡金勇先生及其领导下的IFC微型金融工作组的参与。

感谢香港鼎亿集团李光煜先生的支持。

序

厘清认识误区，
促进微型金融健康发展

  微型金融在国际上并无统一的严格定义。从实践看，主要指给贫困地区和低收入人群提供的小额、分散融资等相关金融服务，与普惠金融、包容性金融在内涵上有较大重叠。

  国际上微型金融实践历史悠久。20世纪70年代的"乡村银行"等小额信贷实践，更是推动了微型金融在全球的广泛发展，各种小微信贷技术和组织不断涌现，服务对象不断扩大，并逐渐实现可持续发展。到20世纪90年代，世界银行扶贫协商小组（CGAP）首次在"小额信贷"基础上提出微型金融概念，并致力于在全球推广。在微型金融迅速发展的同时，围绕社会责任和商业可持续性、政策支持和市场配置资源、严格监管还是弹性监管等方面的争论也从未停止，特别是2008年国际金融危机以来，一些国家又出现了区域性的小额信贷危机，更是引发了对微型金融发展和监管模式的深入思考。

  尽管我国引入微型金融、普惠金融概念相对较晚，但多年来在改善小微企业、"三农"等薄弱环节的金融服务方面，出台了大量政策，实践中也有诸多创新，取得了明显成效。同时也要看到，我国微型金融发展仍有很大潜力，小微企业、三农等金融服务的改善，仍面临诸多挑战，有关融资满足度、发展方式和监管框架还存在一些认识误区。撷其要者，主要有以下方面。

一、关于微型金融的满足度

一般意义上，微型金融的发展目标，是追求更高的融资可得性。但这一理念可能并非总是正确。比如，如果不顾经济周期差异一味追求融资满意度，就可能在宏观经济环境好、融资条件宽松时，一些小微企业因顺周期性过度融资；一旦经济和金融环境逆转，前期的过度融资很可能演变为债务风险。以互联互保为例，在经济环境好的时候能显著提高小微企业融资满意度，但在经济环境不好时同样也能放大风险。

除经济周期外，企业在不同的发展阶段，也会有不同的外源融资比例和渠道。初创期的企业，更多靠自身积累，靠向熟人朋友借钱或风险投资，向银行借款非常困难，这在世界各国都是如此。随着企业走向成长期、成熟期，外源融资、债务融资比例可能上升，好企业还能上市发行股票。如果不加区分，笼统或只从单一渠道谈论融资满足度，认识上就可能失之偏颇。

此外，目前有关融资满足度的指标在统计口径上也存在一定差异。以西南财经大学中国家庭金融调查中心数据为例，该调查认为2013年农村地区向正规金融机构（包括小贷公司）提出的信贷申请满足率在80%以上。那么这其中没有申请的原因是什么？是申请了没用，还是依靠自身积累就能满足资金周转需要，或是向熟人借贷比向正规金融贷款更方便，这些问题都要有更细致的调查分析。

从更一般的视角看，衡量金融普惠性不仅要看融资满足度，也包括存取款、转账、支付、征信等诸多基础金融服务。这些服务近年来在人民银行等单位的大力推动下，已有明显改善，截至2014年末，全国农村地区共设置银行卡助农取款服务点近92万个受理终端数量93万台，全国累计为1.6亿农户建立信用档案，对1亿农户进行了信用评定,其中9012万农户获得贷款,贷款余额2.2万亿元。

二、如何看待微型金融供给不足的原因

探寻微型金融供给不足的原因,既要从金融体系自身去寻找,也要着眼于整个经济体制的加快转型。

从金融体系自身看,微型金融供给不足固然涉及社会责任、发展理念、经营模式等多种因素,但首要问题仍是市场准入过严、微型金融组织发展不足。尽管大型银行也能提供微型金融服务,但从普遍的国际经验看,社区性金融机构在微型金融服务方面有天生的信息对称和交易成本优势,大国经济体小银行等社区金融机构都比较多。这几年我国的村镇银行、小额贷款公司等微型金融机构也发展较快,但以业务规模衡量,2014年末在同期涉农贷款余额中的占比仅为6.1%,仍有很大发展潜力。

从更宽泛的视角看,微型金融供给不足,小微企业、三农融资难、融资贵,实际也与整个经济体制转型滞后有关。一直以来,地方政府过度偏好经济发展和过度依赖银行融资、国有企业的预算软约束等问题造成银行贷款偏向大企业、大项目,这也是各界质疑比较多的。尤其在宏观经济环境偏紧时期,考虑到银行的风险偏好、为维护大客户关系的行为偏好等因素的共同作用,大项目、大企业相对小微企业的优势更为显著,微型金融供求矛盾更为突出。为此降低地方政府对经济发展的过度偏好、建立多元化的地方政府融资机制十分必要。我们也看到,十八大之后这些方面正在发生积极变化。据报道,全国已有70多个县市取消了地区生产总值考核,没有取消的地区也加强了环境和民生考核导向。地方政府自行发债已经试点,国有企业深化改革也正在研究,这些都将为改善微型金融供给创造条件。

三、微型金融发展需要正确的理念和监管方式

微型金融发展的核心理念,是强调通过完善金融基础设施、发

展小微金融组织等途径，以可负担的成本，向欠发达地区和社会低收入人群提供价格合理、方便快捷的金融服务。在执行层面，各国共同遇到的难点，是如何鼓励金融体系以市场化的方式，完成带有社会公平责任的任务。显然，这需要由政府以正确的理念、采取适当措施加以引导、激励，并辅之以必要的监管保证这些理念和激励措施的执行。

一是需要有一些政策激励金融机构调整发展战略。经过多年的改革创新，目前我国金融体系适度竞争的格局已基本形成，利率市场化、金融脱媒、城市金融竞争强度的上升，使金融机构迫切需要加快发展战略调整转型。其中一个方向就是向微型金融领域发展，这方面市场空间很大，竞争也不充分。近年来实践中一些大中型金融机构主动转型的，在小微金融方面已取得实实在在的收获，这样的例子并不少见。同时也要发挥政府这只有形之手的作用，完善差异化货币信贷政策、财税政策和监管政策，正向激励金融机构加快发展战略转型。近一时期以来实施的定向降准、信贷政策支持再贷款再贷款、专项发债以及贷存比口径调整等，就是这方面的一些有益探索。

二是金融监管理念和方式需要调整。从各国实践看，微型金融的机构数量、性质和业务类型众多，分布广泛，监管上普遍更强调灵活性、适当性以及监管成本与收益的最佳结合；同时根据微型金融组织的类型，如是否吸收存款、有无网点，是 NGO 还是商业机构，是股份制还是合作社内部金融等，实施基于机构风险外部性大小和商业性程度的分类监管。监管重点上，也主要针对反高利贷、暴力催收等消费者权益保护，以及防止非法吸收存款、洗钱、恐怖融资等金融犯罪。相反，对机构的市场准入、资本充足率以及流动性监管指标要求，则有较多弹性或主要依靠市场自律监管。

借鉴国际经验并结合我国国情，微型金融监管应坚持适当、分类原则，按照十八届三中全会确定的负面清单准入和扩大服务业开放的要求，坚持权利平等、机会平等、规则平等，为各类投资主体准入创造公平的市场环境，实现监管方式从"严准入＋松监管＋无退出"向"公平准入＋严格监管＋市场化退出"的转变。在转变市场准入思路的同时，为防范可能出现的风险，也要切实加强监管资源整合和健全市场退出机制。考虑到小微、三农等微型金融服务主要在地方，需要注重发挥地方政府在监管和风险处置中的责任，这方面中央已明确下发文件做了规范。总的原则是，既要坚持中央金融管理部门对金融业的统一管理，也要明确地方政府对地方性金融机构和地方性金融市场的监督管理职责，以及在地方金融风险处置中的责任，强化日常监督和区域性金融风险防控。同时要规范地方政府对金融机构出资人职责，避免对金融机构商业性经营活动的行政干预。在健全市场退出机制方面，重点是加强存款保险制度建设。较之政府隐性担保，公开或正式的存款保险制度既能强化对存款者保护，也能限制银行破产时的政府责任，降低隐性担保带来的道德风险；同时从国际经验看，存款保险与银行监管同为常用监管机制，也能起到充实监管力量的作用。

三是加强金融基础设施建设，提升微型金融便利性。征信、支付等金融基础设施，其本身既是金融服务的重要组成部分，也是提升整个金融服务便利化和普惠性的关键。要针对农村金融服务网点建设成本较高的实际情况，注重利用好移动互联网等科技创新，规范发展互联网金融和手机银行业务，提升农村金融服务的便利性、可得性和覆盖面。继续改善征信体系、支付服务等基础设施。通过真实有效的信用评估，快捷安全的支付服务，流动便利的要素市场，方便金融机构以及各类非金融机构向更多农民提供多渠道、低成本的基本金融服务。

微型金融在国际上已走过了几十年历程，发达国家和发展中国家都进行了积极探索,许多国际组织和机构也对此进行了深入探讨。目前,国际上已基本形成一套较为成熟的监管体系,对引导微型金融健康发展起到了重要作用。本书对国际上微型金融的发展历史、现状以及监管框架做了较为系统的梳理总结,相信对借鉴国际经验、并在此基础上完善我国的微型金融监管框架能够发挥积极作用。

潘功胜

2015 年 1 月

Preface

Clarification of Misunderstanding and Promotion of Sound Microfinance Development

There is no strict definition of microfinance internationally. Practically, it mainly refers to financial services of small amount and decentralized finance to the poor and low-income people. It exists Considerable overlap with financial inclusion.

International microfinance has a long history. In the 1970s, the "Grameen Bank" and other microfinance experiments have promoted the development of a wide range of microfinance in the world. A variety of small and micro credit organizations and technology have emerged. Client base has continued to expand for the sustainable development. Until the 1990s, CGAP firstly proposed the concept of microfinance on the basis of "micro credit", and it is committed globally. With the rapid development of microfinance, debate has never stopped on issues of social responsibility, business sustainability, policy support, market allocation of resources, strict supervision, elastic supervision, etc. Especially since the global financial crisis in 2008, regional micro credit crisis has rapidly appeared from some countries, that triggering an in-depth thought of microfinance development and supervisory mechanism.

Despite the late introduction of microfinance and inclusive finance in China, a large number of policies and practices have been promoted with great innovation and remarkable outcome in terms of improving the small and micro enterprises, agro related financial services. What we should notice is the great potential for improvement in microfinance development and the existing misunderstanding of financial satisfaction, development and supervisory framework. Collectively, there are a number of aspects.

1. Microfinance Satisfaction

Generally, the goal of microfinance development is to pursue higher financing availability. However this may not always be correct. For example, simple financial satisfaction without considering the economic cycle may result in procyclical excessive finance for small and micro enterprises during this good time, but debt risk may evolve in the bad time. Internet mutual guarantee shall significantly improve small and micro enterprises satisfaction, but the risk shall be amplified in the poor economic environment.

In addition to the economic cycle, different stages of enterprise development may have different external finance source and proportion. Start-up business usually relies on its own accumulation and money borrowed from friends or venture capital. Bank loan is very difficult in the world. In the period of growth and maturity, external finance and debt finance proportion is likely to rise. Possibility of public offering exists for good business. Without clarification, simple discussion about general satisfaction from single financial source may be biased.

Moreover, there are some differences in the statistical coverage of financial satisfaction index. The investigation conducted by Financial Research Center of Chinese Household, Southwestern University of

Finance and Economics in 2013 found that 80% satisfaction rate of credit application to formal financial institutions (including small loan company) in rural areas. It lacks the reason of application, whether it is inactive application, own accumulation or convenience of friend borrowing, should be analyzed in more details.

Generally, basic financial services of deposit, withdrawal, transfer, payment and credit information are essential measures of financial inclusion, in addition to satisfaction measurement. In recent years, the People's Bank of China has promoted vigorously and significant improvement has been delivered. As at the end of 2014, about 920000 rural ATM card service points were set up, the number of receiving terminal is 930000, setting up credit files for 160million rural households, assessing nearly 100 million credit households, of which 90.12 million have received loans, with net loan of 2.2 trillion Yuan.

2. Reasons for the Insufficient Supply of Microfinance

Financial system itself and transformation of economic system are clues to explore reasons of insufficient supply of microfinance. From the perspective of the financial system itself, the strict access and inadequate development are the most important issues of insufficient supply of microfinance, in addition to factors such as the lack of social responsibility, weak development concept and business model. Internationally, microfinance institutions have their natural advantages of symmetric information and reasonable transaction costs, despite the capability of large banks to provide such service. Community financial institutions such as small banks are common in big economies. In recent years, China has great potential with rapid microfinance development such as village banks and small loan companies, but the proportion of agro related loan balance was only 6.1% untilthe end of 2014.

Generally, the insufficient supply of microfinance, difficult and expensive finance for small and micro enterprises and farmers, relates to the lagged transformation of the entire economic system. All along, the local government prefers economic over-development and over-reliance on bank finance. The state owned enterprise has soft budget constraint. Bank loan has flown to big business and project causing serious doubt. Especially during economic slowdown, big business and project has relative advantages relative to small and micro ones, taking into account of banks' risk preference, client relationship issues and other factors, which results in mismatch between demand and supply. Therefore, the local government should reduce excessive consideration of economic development and establish a wide range of financing mechanism. In fact, this has improved after the 18th National Congress of the Communist Party of China. According to the media, more than 70 cities and counties have removed the GDP assessment in China, the rest are likely to strengthen environment and livelihood assessment. Pilot program of local government bond issuance has started. The state-owned enterprise reform has been studied. These will improve conditions for innovation in microfinance supply.

3. Correct Concept and Supervisory Approach for Microfinance Development

The core concept of microfinance development is the emphasized improvement of financial infrastructure, the development of small and micro financial organizations and other means, affordable and convenient financial services to the less developed regions and low-income households. Operationally, the difficulty encountered by the most countries is the way to encourage a market-oriented financial system to take social responsibility. Obviously, this will need the government to guide and motivate with the right concept and sufficient supervision ensuring the implementation of these concepts and incentives.

Firstly, policy incentives are needed for the development strategy adjustment of financial institutions. After years of reform and innovation, the moderate competition of China's financial system has basically formed. Interest rate liberalization, financial disintermediation, increased financial competition urge for acceleration of development strategy adjustment and transformation. One direction is the microfinance field which has great market space and insufficient competition. In recent years, there have been lots of cases of large financial institutions active transition with tangible gains in small and microfinance. At the same time, the government should play its role of visible hand. Differentiate monetary and credit policy, fiscal policy and supervisory policy should be implemented to stimulate positive acceleration of financial institution strategic transformation. The recent targeted reserve ratio cut, targeted refinancing, targeted bond issuance and loan-to-deposit ratio calibration are effective exploration.

Secondly, the financial supervisory philosophy and methods need adjustment. Internationally, there are various kinds of microfinance institutions in terms of numbers, the nature, the type and distribution. Flexibility, appropriateness and cost effectiveness are central to supervision. Classified supervision based on external institutional risk and commercialization should be promoted, considering factors included deposit, branch, NGO or commercial entity, stock nature or cooperatives, etc. Consumer protection should be enhanced for anti-usury and antiviolence, to avoid illegal deposits, money laundering, terrorist financing and other financial crimes. On the contrary, it should be more resilient and depending on self-supervision in terms of market access, capital adequacy ratio and supervisory liquidity requirement.

Appling international experience locally, microfinance supervision should adhere to principles of reasonable and classification. In accordance with the third plenary session of the 18th CPC central committee, the negative list access and service industry liberalization and expansion should be strengthened, insisting fair rights, opportunities and rules. A fair market environment for all investors' access should be created. The supervisory approach should transit from "strict supervision of access + loosening supervision + no exit" to "fair supervision of access + strict supervision + marketalized exit". Market resource integration and effective exit mechanism should be strengthened to avoid risks during this transition. The supervisory and risk disposal responsibility of the local government should be noticed taking into account of the locality of small, micro and agro related microfinance, for which the central government has issued related document and made specification. The general principle is to adhere to both of the central government unified financial management and local government management of local financial institution and financial market. Local financial risk should be at the disposal. Routine supervision and regional financial risk should be of control. Besides, the responsibility of the local government to invest in financial institution should be cleared to avoid administrative intervention. Deposit insurance mechanism should be strengthened for sound market exit. Public or formal deposit insurance mechanism could protect depositors, limit government liability during bank failures and reduce ethical risk of implicit guarantee, compared to the implicit one. International practice would suggest the effective supervisory combination of deposit insurance and banking supervision.

Thirdly, the financial infrastructure should be strengthened to improve microfinance convenience. The financial infrastructure, such as credit information and payment system, is the important part of financial service to promote the facilitation and inclusiveness. To address high cost of rural financial service, Mobile Internet technology should be utilized. Internet banking and mobile banking should be standardized to enhance the convenience, availability and coverage of rural financial service. The financial infrastructure of credit information system and payment service should be improved continuously. Financial institutions and others are encouraged to provide farmers with multi-channel, low-cost basic financial services, through real and effective credit assessment, fast and safe payment service, liquid and convenience factor market.

Microfinance has decades of history in the world, with active exploration by developed and developing countries and in-depth discussion by international organizations. At present, the relatively matured supervisory mechanism has been formed, generally, to lead the sound development of microfinance. This book systematically summarizes the history, status quo and supervisory framework for microfinance. I believe that it would hoard a decent chunk of the international practice for our microfinance supervisory framework.

Dr. Pan Gongsheng
January, 2015

目 录

第一部分 微型金融概述 ... 1
一、产生与发展 ... 1
 专栏1 微型金融与微型金融机构 ... 2
二、业务现状 ... 5
三、投融资趋势 ... 9
四、监管动因 ... 21

第二部分 金融监管的一般原则和微型金融监管框架 ... 25
一、金融监管原则 ... 25
二、金融监管模式 ... 27
三、微型金融监管的原则 ... 31
四、微型金融的监管模式 ... 34

第三部分 对存款类微型金融机构的监管 ... 37
一、银行监管机构和辅助监管 ... 38
二、存款类微型金融机构的审慎监管标准 ... 41
 专栏2 巴塞尔核心原则与存款类微型金融机构 ... 45
 专栏3 全球小贷监管经验调查 ... 50
三、存款类微型金融机构的监管工具 ... 60

四、NGO 向许可中介机构的转变 ………………………… 63
五、合作金融组织的监管 ………………………………… 66

第四部分　非存款类微型金融机构的监管 ……………… 69
一、非存款类微型金融机构的监管工具 ………………… 71
　　专栏 4　小额信贷信用报告的好处和面临的挑战 …… 74
二、微型金融与微型保险问题 …………………………… 79
三、对非网点银行业务的监管 …………………………… 84
　　专栏 5　银行主导模式和非银行主导模式 …………… 84
四、微型金融消费者权益保护 …………………………… 91
五、防止微型金融领域的金融犯罪 ……………………… 98
六、微型金融的税务处理 ………………………………… 100

第五部分　微型金融监管的国际实践 ……………………… 103
一、美国 …………………………………………………… 103
二、欧盟 …………………………………………………… 108
三、日本 …………………………………………………… 114
四、中国香港 ……………………………………………… 115
五、尼日利亚 ……………………………………………… 119
六、埃塞俄比亚 …………………………………………… 128
七、坦桑尼亚 ……………………………………………… 135
八、利比里亚 ……………………………………………… 143
九、秘鲁 …………………………………………………… 149
十、菲律宾 ………………………………………………… 155
十一、阿尔巴尼亚 ………………………………………… 165
十二、其他国家 …………………………………………… 168

第六部分　微型金融监管的经验总结 …………………… 173
一、对微型金融监管特殊性的总结 …………………… 174
二、MFIs 监管的类别 …………………… 175
三、监管的一般方法 …………………… 177
四、微型金融未来发展思路 …………………… 185

参考文献 …………………………………………………… 189

Contents

Part I　Microfinance Outline
　I. Emergence and Development
　　Box 1 Microfinance and Institution
　II. Status Quo
　III. Trend of Investment and Finance
　IV. Supervisory Motivation

Part II　General Principle of Financial Supervision and Microfinance Supervisory Framework
　I. Principle of Financial Supervision
　II. Financial Supervision Model
　III. Principle of Microfinance Supervision
　IV. Microfinance Supervision Model

Part III　Supervision of Deposit-Taking Microfinance Institution
　I. Bank and Auxiliary Regulator
　II. Prudential Supervision Standard for Deposit-Taking Microfinance Institution

  Box 2 Basel Core Principle and Deposit-Taking Microfinance Institution
  Box 3 Supervisory Survey of Global Small Credit
Ⅲ. Supervisory Tool of Deposit-Taking Microfinance Institution
Ⅳ. Transition of NGO to Licensing Agency
Ⅴ. Regulation of Cooperated Financial Institution

Part Ⅳ Supervision of Non-Deposit-Taking Microfinance Institution

Ⅰ. Supervisory Tool of Non-Deposit-Taking Microfinance Institution
  Box 4 Benefit and Challenge of Microfinance Credit Report
Ⅱ. Microfinance and Microinsurance
Ⅲ. Supervision of Off-Branch Banking
  Box 5 Bank/Non-Bank Leading Model
Ⅳ. Microfinance Consumer Protection
Ⅴ. Avoidance of Microfinance Crime
Ⅵ. Taxation of Microfinance

Part Ⅴ International Practice of Microfinance Supervision

Ⅰ. The United States
Ⅱ. The European Union
Ⅲ. Japan
Ⅳ. Hong Kong
Ⅴ. Nigeria

VI. Ethiopia
VII. Tanzania
VIII. Liberia
IX. Peru
X. Philippines
XI. Albania
XII. Other Countries

Part VI   Conclusion of Microfinance Supervision
  I. Conclusion of Microfinance Supervision Specification
  II. MFIs Supervisory Category
  III. General Methodology of Supervision
  IV. Future Development Concept of Microfinance

Reference

第一部分　微型金融概述

一、产生与发展

长期以来，由于国际经济发展的不平衡和收入分配制度的不公平等各种因素的存在，贫困问题一直是世界各国尤其是广大发展中国家不可回避的社会现象。然而，贫穷不是与生俱来的，低收入人群与富人一样拥有创造财富的愿望和能力。他们缺乏的是将生存技能转化为财富所必需的资金支持。

低收入人群的信贷需求具有小额度、缺乏抵押担保品、贷后管理困难、效率低和成本高等特点，低收入人群特别是穷人长期在信贷市场上处于边缘地位。在整个社会金字塔底层群体中，正规金融的缺失，已经成为制约其脱贫致富的主要障碍之一。

为解决穷人进入正规金融市场的困难，不少发展中国家相继采用过贴息贷款的扶贫方式，通过向穷人提供直接贴息贷款以缓解资金需求不足，实现资金和生产力的有效结合，帮助低收入群体脱贫致富。但这种只重视信贷供给的贴息政策在以后几十年的实践中并没有获得成功，还造成一系列不良后果：如扰乱农村金融秩序，破坏信用环境，导致寻租和腐败问题的滋生等。

在正规金融不能满足低收入群体金融服务需求的背景下，适应金字塔底层经济增长和扶贫解困的需求，各种形式的微型金融组织，通过一系列不同于正规金融机构的特殊制度安排来解决交易成本和信息不对称问题，从而将丰富的社区信息和银行资金结合起来，专门从事针对于低收入群体和小微企业的小额贷款（microcredit）服务，并且逐渐向其提供储蓄、小额保险、转账以及技术培训等服务。在拉美等微型金融发展较早的地区，微型金融已经成为为社会金字塔底层提供系统性金融服务的可持续制度体系。

专栏1　微型金融与微型金融机构

"微型金融"（microfinance）一词曾经几乎只与面向贫穷人群的低额贷款（小额信贷）有关，现在却越来越多地被用于指称各种为满足低收入个人的特定需求而定制的产品（包括支付、储蓄和保险）。微型金融机构（MFI, microfinance institution）是一种私营、公立或公私合营的组织，它为低收入客户，包括一般无法获得传统银行服务的消费者和个体经营者，提供金融服务。MFI可以是提供上述金融服务的各种组织，例如，NGO、信用社、合作社、私人商业银行、非银行金融机构和部分国有银行（http://www.cgap.org）。

根据覆盖全球1 000余个微型金融机构信息网站（http://www.themix.org）发布的信息，2010年，单个借款人平均贷款余额为553美元，平均存款余额为110美元。

（一）最初起源

根据各类学者的研究，各种形式的储蓄和贷款小组最早出现在中世纪。在东亚集权制国家，自耕农、佃农等农民阶级适逢天灾人祸不能按规定上缴苛捐杂税及解决一家人的温饱问题时，通常向地主富豪进行"利滚利"式的高利率小额借贷。14、15世纪，欧洲罗马天主教方济会的僧侣就曾经开办过以服务社区穷人为宗旨的当铺，这些僧侣可以算是当时微型金融的实践者。到了18、19世纪，欧洲工业革命下各行业快速发展，贸易日益活跃，欧洲出现了规模化和正规化的储蓄信贷机构，爱尔兰已经有了无抵押小额贷款[①]。现代微型金融的开创者应该追溯到19世纪的两位先驱。一位是经济和金融理论家林萨德·斯普纳，正是他所做的开创性理论工作，使得人们有理由相信向微型企业家和农民提供小额贷款不仅能够帮助穷人脱贫，而且是有利可图的事业。另一位是欧洲信用社运动的奠基人，德国农村互助银行先驱——弗雷德里希·莱费森。莱费森的微型金融首创了要坚持"三自"原则——自助、自辖与自担其责。"三自"原则使莱费森创立的机构能够不再依赖私人捐助、政府资助或者放高利贷。到了20世纪早期，摆脱殖民统治谋求独立发展的拉美部分地区出现了小额信贷模式的信贷系统[②]。

（二）微型金融的发展

真正引领微型金融发展的是20世纪70年代的微型金融运动，这以后的国际微型金融发展主要分为四个阶段。

1. 强调为穷人提供贷款资金和注重借款人还款意愿的阶段

现代微型金融发端于扶贫性质的小额信用贷款（microcredit）和小组贷款。20世纪70年代，微型金融作为一种试验性项目，在孟加拉国的"乡村银行"和美洲的"行动国际"中开始了先驱性的探索，发展了各种小额信贷方法，还款率持续稳定在95%以上。

[①] 邓燕飞：《国际小额信贷发展的历史经验》，载《中国外资》，2013（2）。
[②] 陈佳：《微型金融的历史、现状与未来：一个国际视角》，载《农村金融研究》，2012（12）。

农村客户的需求特点、非正规性以及其资本特性决定了传统借贷技术在选择借贷人和按时还款两方面几乎是无效的。因此，微型金融的成功很大程度上建立在以穷人客户特征为基础的非传统借贷技术上，如贷款金额小、重复贷款、小组联保等方式。也就是说，微型金融不能仅仅依靠还贷能力的技术分析，不能仅仅根据提供担保或抵押的资产进行风险评估，必须注重借款人表明的还款意愿。这个阶段主要是通过发展各种方法以扩大微型金融的客户覆盖率和实现较高的还款率。

2. 项目收入覆盖成本的阶段

到20世纪80年代中期，先行微型金融项目已经开始尝试收取覆盖成本的利率，逐步取消利息补贴。如果微型金融机构希望将其服务扩展到更多的客户，实行没有补贴的利率是必要的，且没有补贴的利率往往要比市场利率还要高。这是因为小额信贷金额小，成本高。贫困及低收入群体以及微型企业的资金非常缺乏，他们能将获得的资金以较高的生产效率加以使用。这也是为什么他们常常以高利率从民间借贷市场借钱的原因。研究表明，微型企业能够并且愿意偿付覆盖借贷成本的利率。这一阶段发展结果表明，微型金融机构以适当的利率进行经营，完全可以实现经营可持续。

3. 寻求商业渠道资金实现经营持续性的阶段

在提高客户覆盖率和弥补资金成本方面取得成功后，更多捐助机构将廉价资源提供给微型金融机构，支持其进一步发展。但是这种廉价资源不可能持续存在，也具有不稳定性，因为捐助机构的工作重点常常发生周期性的改变。与此同时，捐助资源远远满足不了客户的需求。在这样的发展背景下，微型金融开始进入发展的第三阶段，即开始寻求商业市场的资金。20世纪80年代末，拉美非政府组织（NGO）的先行项目开始从商业银行找到资金渠道，印度尼西亚几家机构通过为穷人提供储蓄服务而获得更多资金。在这一阶段，一些微型金融机构投资的资金已经是初始资本的2~3倍，由此获得大量的客户。它们力争从当地金融主管部门获得金融许可，以便直接向一般公众吸收存款。获得政府金融许可的微型金融机构，增加了其投资和获得潜在客户的能力，其业务规模和范围进一步扩大。

4. 寻求社会性和商业化的再平衡，实现"社会化商业"的阶段

2008年不少国家出现小额信贷客户无法偿贷问题，微型金融机构资产质量开始恶化，2010年印度又爆发全球最为严重的小额信贷危机。全球中等规模微型金融机构的资产收益率从2007年的2.3%下滑到2010年的1.1%，资产规模增速则从45%跌落到16%。这次小贷危机出问题的主要是商业性微型金融机构，实际上国际和私人资本看中和进入的也就是这类微型金融机构。它们的问题是过度商业化，忘记了微型金融机构自身应有的社会功能属性。这次危机后，国际微型金融业进行了深刻反思，过度商业化的微型金融市场也将目光再次转向小额信贷"社会性"的本质。这次危机是微型金融业的一个重要分水岭，下一阶段微型金融业将是社会发展属性和金融经济属性相融合，体现两者共同特性，求得平衡和统一的发展阶段。

二、业务现状

（一）市场覆盖面不断扩大，贷款投向和模式发生转变

微型金融从孟加拉国兴起，经营理念逐渐被全球发展中国家接受，目前已推广至拉美、东欧和中亚等地区，并且呈现后来居上之势。例如，拉美和东欧地区的微型金融机构平均贷款额度都要普遍高于其他地区，而南亚地区的资产规模也要大于其他地区（见图1）。贷款不再仅限于农村地区和低收入群体，开始扩大至城镇地区和较高收入群体，传统的小组贷款模式转向个人贷款模式。根据微

型金融信息交流中心（MIX）① 数据，2010年在发展中国家的城镇中已有60%较高收入和50%低收入群体获得微型金融机构贷款，2007年到2010年单笔贷款平均额度增长100%，反映较高收入群体比重增加。在城镇地区，传统的小组贷款模式难以实现，高收入群体更倾向采用个人贷款模式，农村地区个人贷款的比重也在扩大。在微型金融业发展最成熟的拉美和东欧地区，个人贷款已成为主流。

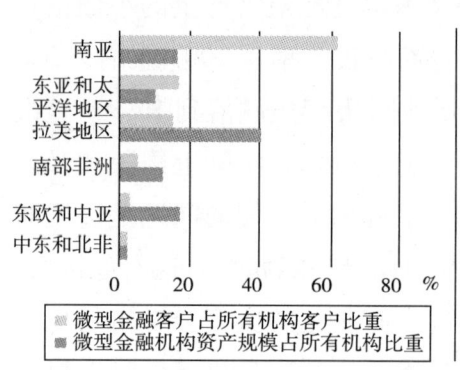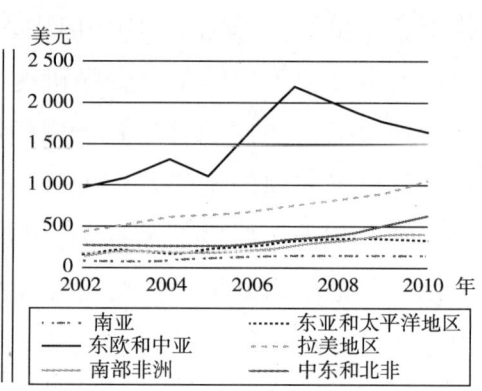

资料来源：德意志银行研究报告"Microfinance in evolution: An industry between crisis and advancement"。

图1 全球各地区微型金融机构借款客户和资产占比以及平均贷款额度情况

（二）机构设置和组织形式逐渐多元化，业务转型升级或下沉

一是非政府组织向正规金融机构转型，融资和经营管理能力大为提高。例如，玻利维亚的阳光银行就是在1992年摆脱政府补贴，由非政府组织成功转型升级为商业银行，从单一小额信贷业务向多元化金融服务转变，通过不断开拓新业务实现了可持续发展；二是国际开发性机构采取"加盟店"形式，批发设立拥有银行牌

---

① 微型金融信息交流中心MIX是全球最大的微型金融市场数据库。目前，MIX已覆盖了发展中国家超过2 100家微型金融机构及9 400万客户。

照的"绿地银行"（Greenfield Bank）①，专业从事微型金融业务，类似于我国商业银行发起设立的村镇银行。例如德国开发性机构 IPC 成立的 Procredit 公司，到 2010 年在全球共建立 19 家"绿地银行"；三是商业银行通过设立微型金融事业部实现业务下沉。例如，厄瓜多尔 Pichincha 银行是该国最大的银行，从 2006 年起从事微型金融业务，到 2010 年发放的贷款中有 49.5% 为小额信贷。

表1　　2010 年全球主要三类微型金融机构经营相关数据

	非政府组织	非银行金融机构	商业银行
贷款总规模（百万美元）	3 945	7 292	77 354
平均贷款额度（美元）	315	670	2 202
贷款组合真实收益率（%）	21	27	16
城市地区贷款占比（%）	49	51	61
以个人为基础的贷款占比（%）	53	64	81
以家庭为基础的贷款占比（%）	11	16	23
盈利性机构的占比（%）	3.4	81	98
以低收入群体为服务对象的占比（%）	76	61	49
机构数量占比（%）	33	35	8
总借款人数量占比（%）	3	39	28
总资产占比（%）	12	28	52

数据来源：MIX 数据库，三类机构数据只代表 MIX 采集到的机构相关经营数据。

（三）积极创新金融产品和服务的渠道和模式

随着通讯技术的发展，移动终端尤其是手机的普及使用，越来

---

① "绿地银行"（Greenfield Bank）是一种新形式的微型金融机构投资方式，主要由全球开发性机构成立中央控股公司，采取"加盟"形式，在各地批发设立的新型银行机构。截至 2010 年，全球共有 7 家"绿地银行"控股公司，总资产 12 亿美元。"绿地银行"统一采用控股公司的标准化业务操作流程和风险管理制度，此外在成立初期，控股公司向"绿地银行"提供融资和技术支持，并持有其大部分股份。

越多的发展中国家利用手机和 POS 机,将金融服务深入到欠发达地区。在菲律宾、南非和肯尼亚,以前从未得到金融服务的人群使用手机进行金融交易已经显示出积极成果。雅典银行南非分行 WIZZIT 为银行营业所附近的部落和农村地区提供手机和银行卡经常账户服务。厄瓜多尔的团结银行在 32 家分行和营业网点的基础上,不仅在全国率先运用手机终端等现代 IT 技术拓展金融服务模式,而且通过资产证券化等方式将部分信贷资产组合打包出售,其证券化资产的50% 由该国社保基金持有,其余分别出售给其他主权债务基金和私人投资者,评级为 AAA 级。哥伦比亚则创新金融服务渠道,通过设立非银行代理机构(Non – Bank Correspondents,NBCs),将杂货店、邮局等物流运营网络融合到金融服务的分销渠道中来,不仅降低了在偏远农村地区开展金融服务的成本,而且极大地拓展了微型金融服务的空间和范围。

(四)小额信贷与小额保险相结合

小额保险主要是面向中低收入人群,依照风险事件的发生概率及其所涉及成本按比例定期收取一定的小额保费,旨在帮助中低收入人群规避某些风险的保险。小额保险单下的风险仍需依照保险原则进行管理,并由保费提供资金。小额保险通过在众多低收入者之间分摊不确定事件的成本提供了一种应付特殊风险的方法。

从世界范围来看,低收入人群一般得不到商业保险公司或国家社会保险体系的关注和覆盖。一方面,商业保险公司难以了解低收入人群,特别是地处边远农村的人口的风险保障需求。另一方面,大多数新兴市场国家由于经济发展水平偏低,政府通常缺乏足够的资金实力为全体人口提供基本风险保障。为适当改变这一局面,2002 年,包括世界银行和国际劳工组织在内的 33 个发展援助组织和机构,共同设立了为贫困人口服务的扶贫协商组织

（CGAP）。2006年2月，国际保险监督官协会（简称IAIS）与CGAP设立"小额保险联合工作组"，共同将发展小额保险作为推动低收入人群风险保障的一项重要工作。据小额保险联合工作组不完全统计，2011年，全球有100多个国家在探索小额担保贷款，至少8 000万低收入人口购买了小额保险。小额信贷与小额保险相结合成为国际微型金融发展的又一趋势，而小额保险也成为继小额信贷以来发展最为迅速的农村金融产品。

三、投融资趋势

（一）融资的三个阶段

国际上普遍按照发展阶段将主要从事微型金融业务的机构分为三类，即非政府组织、非银行金融机构和商业银行。三类机构也代表着三个不同的融资阶段和生命周期。第一阶段为非杠杆股权融资阶段，指在建立初期，各类国际基金会、开发性机构及其他捐赠机构为微型金融机构（绝大多数为非政府组织）提供全部或部分初始资本，此时的股权融资主要以捐赠的非商业化形式为主；第二阶段为债务化的杠杆融资阶段，当贷款规模达到并超过初始资本时，微型金融机构开始借助债务工具进行杠杆融资，主要由各类离岸国际微型金融投资中介（MIVs）为微型金融机构提供债务融资，此阶段微型金融机构开始转变为受监管的非银行金融机构；第三阶段为多元化融资阶段，伴随业务发展壮大，微型金融机构从单纯的贷款性机构逐步转变为提供存贷款等多样化服务的银行业金融机构，融资方式也开始以储蓄和存款为主，债务融资占比不断下降，此阶段微型金融机构会持续提高杠杆率并完善机构的公司治理，最终实现发行债券和在公开市场发行股票（见图2）。

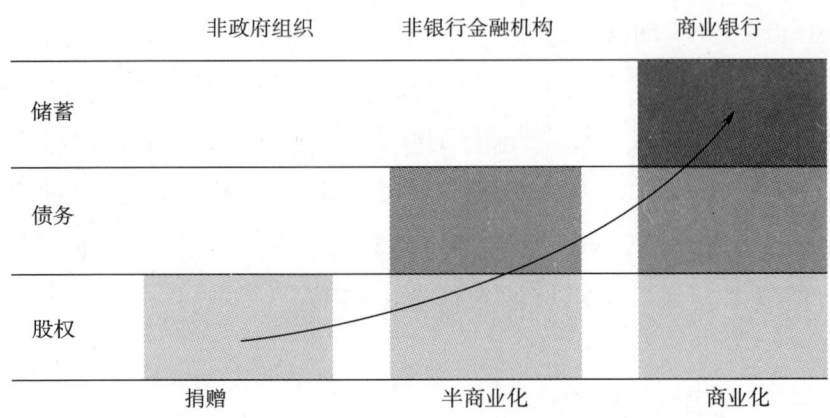

资料来源：瑞士投资机构（小额信贷管理及顾问公司）"Microfinance Investments"。

图2 微型金融机构融资周期

（二）融资结构变化趋势

根据MIX数据库和德意志银行研究，三类微型金融机构的融资结构呈现不同的变化特征：

一是通过捐赠融资的比重持续下降。外部捐赠主要发生在微型金融机构成立之初，当发展到一定规模和进行商业化转型后，微型金融机构对外部捐赠的依赖越来越少。以非银行金融机构为例，2002年到2010年，捐赠在其融资结构中的比重从10%下降到不足1%。目前只有少数非政府组织依然受惠于外部捐赠。

二是通过吸收存款进行融资的比重平稳增长，主要集中于商业银行。从事微型金融业务的少数商业银行存款持续增加，截至2010年末，已超过总资产的50%。受监管的限制，大部分非政府组织和非银行金融机构由于不能吸收存款，其存款占比相对较低，保持平稳态势（平均保持在10%~15%）（见图3）。

三是通过债务融资的比重有升有降。伴随商业化经营模式的转

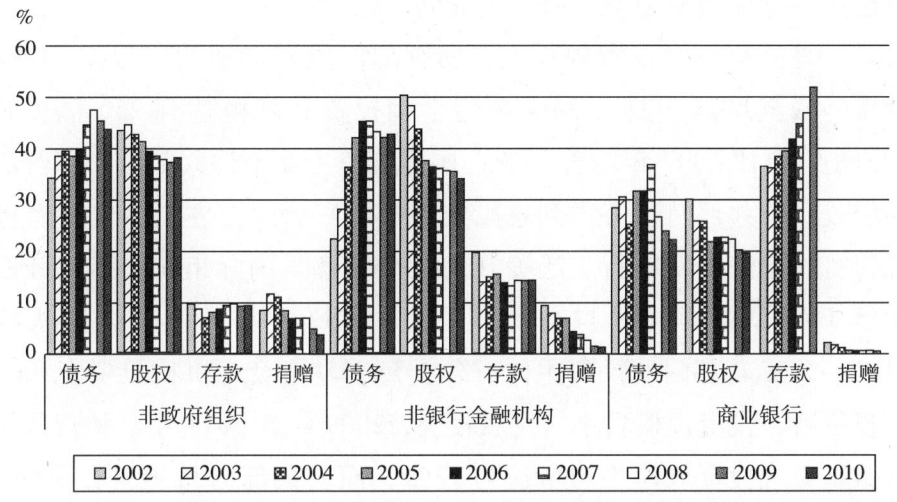

资料来源：德意志银行报告"Microfinance in Evolution: An industry between crisis and advancement"。

图3 2002~2010年三类微型金融机构融资结构

变和国际上对微型金融业的长期看好，非银行金融机构通过国际微型金融市场进行债务融资规模不断增加，2002年到2010年间此类机构杠杆增长了2倍。债务杠杆的增加一方面促进了机构资产负债规模的扩大，另一方面也给股权投资者带来更多债务风险。而对于商业银行来说，由于可以吸收存款，资产负债规模不断增加，其债务融资比重在2007年后逐年下降，存款比重显著上升。

（三）投资发展趋势

过去数十年，在微型金融机构的资金来源中国际资本的规模和比重不断增加。十年前仅有少数发达国家或国际组织的公共部门投资于微型金融，随着微型金融业的高速发展和高投资回报的吸引，以私营机构为主的商业资本不断进入微型金融业，高增长引起的资金短缺也让商业性微型金融机构对这些资本敞开大门。目前国际资本已成为全球微型金融业第二大资金来源。

一是公共部门投资规模大,私营部门投资增速快。根据 CGAP 数据,截至 2011 年末,国际微型金融投资总规模达到 250 亿美元(见图 4),比 2007 年增长 56%。国际投资主体由公共部门和私营部门组成。公共部门投资占到总投资规模的三分之二左右,主要有世界银行、亚洲开发银行、泛美开发银行等各类国际组织,荷兰开发银行 FMO、德国投资与开发有限公司 DEG[①] 等开发性金融机构(DFIs)。私营部门的投资主体有各类慈善基金会、机构投资者和个人投资者,投资规模较小,发展较快,2009 年到 2011 年,私营部门的微型金融投资规模平均增速为 12%,而公共部门每年只有 3% 的增速。

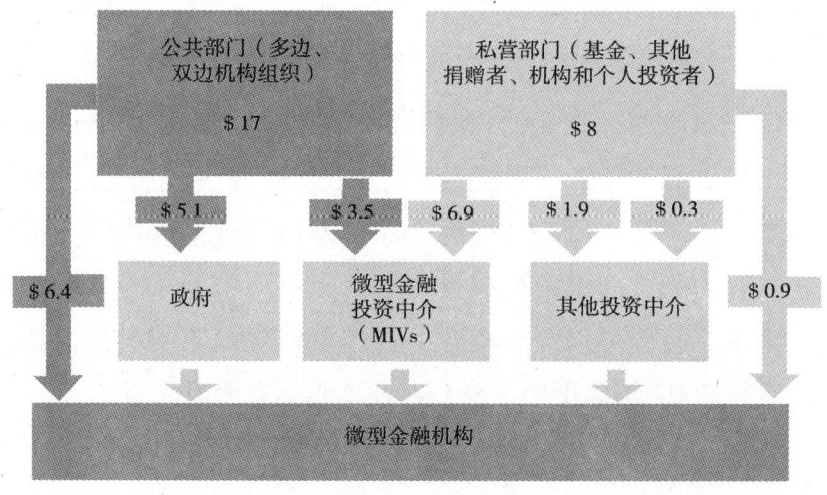

资料来源:CGAP "Current Trends in Cross – Border Funding for Microfinance"。

图 4　微型金融国际投资主体和投资平台(截至 2011 年末,单位:十亿美元)

---

① 这两家公司分别由荷兰和德国政府组建,为发展中国家民营企业提供资金和咨询服务。

二是全球各地区投资进度不一,亚太、中东和北非等地区增长较快。过去,国际微型金融投资有超过60%集中在南亚、中亚和欧洲(主要是东欧)以及拉美等地区。2009年到2011年末,中亚和欧洲地区的微型金融投资呈负增长,投资规模从35亿美元下降到31亿美元。南部非洲的微型金融投资年平均增速为12%,到2011年末投资规模已达27亿美元,接近领头羊拉美地区。中东和北非、亚太地区总体投资规模不大,但增速达20%(见图5)。

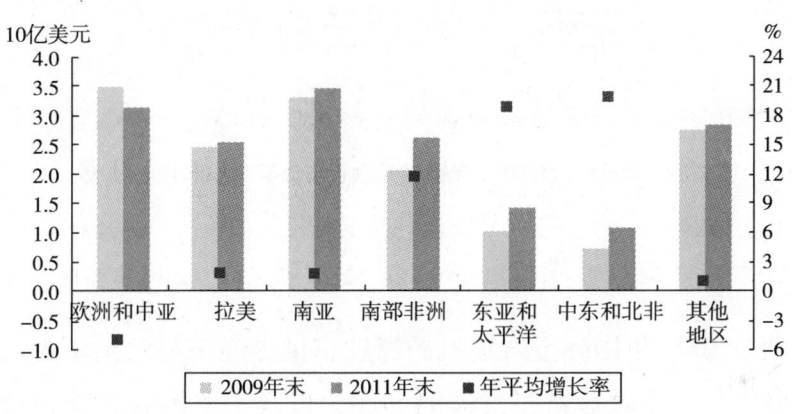

资料来源:CGAP "Current Trends in Cross – Border Funding for Microfinance"。

图5　2009年末和2011年末各地区微型金融投资情况

三是债权投资为主导,股权投资和担保等业务快速发展。根据CGAP研究,截至2011年末,微型金融债权投资规模接近100亿美元,与2009年基本持平,占各类投资的55%。股权投资在近三年得到较快发展,2011年的投资规模比2009年增长了12%,有效帮助了微型金融机构壮大资本实力,优化资本结构。此外,担保业务发展同样迅速,微型金融机构通过国际资本提供的担保更容易获得当地银行的资金支持,近年来国际微型金融担保业务平均每年增长32%(见图6)。

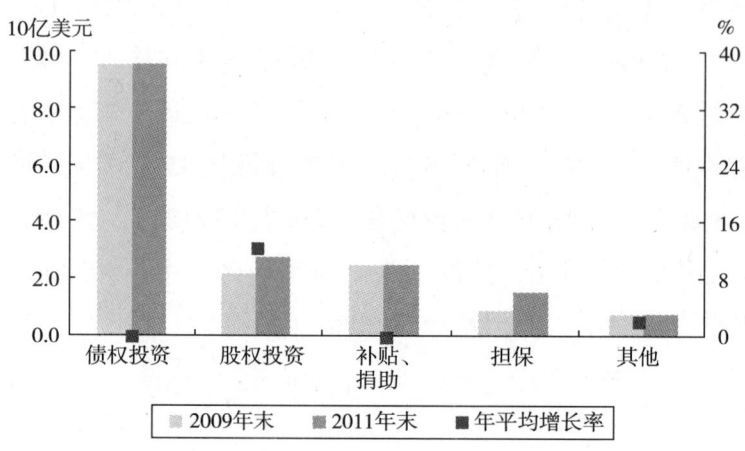

资料来源：CGAP "Current Trends in Cross–Border Funding for Microfinance"。

图 6　2009 年和 2011 年微型金融投资工具规模和增长情况

（四）面临的挑战

随着 2007 年国际金融危机的爆发，世界经济与政治不确定性因素不断增加，金融业自身发展的问题，以及一些国家在学习微型金融模式方面的失误，微型金融遭遇了严重的困难，需求不振，供给不足。在危机最深重的 2008～2009 年，随着全球通胀恶化、油价粮价高企，微型金融的客户生活非常艰难。为了应对生活压力，只能够放弃贷款甚至无力还款。而国际货币基金组织、世界银行及美欧等发达国家向发展中国家的微型金融资助不断降低，到 2009 年此类资助额比上年降低了 6%，为历史新低。尽管微型金融具备一定的抵抗经济周期的能力，但是微型金融的发展还是要依托于实体经济的发展。再加上经济危机导致政府普遍实施削减预算措施，微型金融得到的支持和捐助也直线下降。因此，曾经在世界范围内蓬勃发展的微型金融事业遭遇了相当程度的冲击、相对平衡的发展格局发生了比较大的变化。少数包括中国在内的国家加速发展，另外的少数国家则历经收缩和衰退。2008年不少国家出现小额信贷客户无法偿贷问题,微型金融机构资产质量开始恶化,2010年印度又爆发全球最为严重的小额信贷危机。全球中等规模微型金融机构的资产收益率从2007年的2.3%下滑到2010年的1.1%,资产规模增速则从45%跌落到16%。小额信贷危机暴露出微型金融行业发展的一系列挑战:

1. 过快的市场增长

2004年起,全球微型金融市场快速发展,信贷规模年均增长率高达33%。根据印度新德里行业协会提供的数据,2005年到2009年,印度微型金融机构贷款规模从2.52亿美元增加到25亿美元,年均增长59%。印度最大微型金融机构SKS公司从2003年开始商业化转型,客户数量年均增长150%,贷款规模年均增长173%[①]。市场的过快增长一是使高风险客户不断增加,二是使微型金融机构新的从业人员数量不断增加,根据MIX数据,全球微型金融机构员工数年均增长39%。这二者影响相互叠加,员工对贷后管理和贷前风险识别能力严重不足。CGAP研究报告显示,尼加拉瓜、波黑、摩洛哥和巴基斯坦四国出现的小额信贷危机,究其根本原因并不在于金融危机,而是小额信贷快速增长的运作方式所导致,与每个国家在2004年到2008年期间所经历的增长阶段密切相关。

促进微型金融业快速发展的根源在于微型金融商业化带来的高额回报。在2009财年,印度85家小额信贷组织的平均股权收益率(ROE)为11.56%,最高为147.03%,其中最大10家的均值为30.57%。从总资产收益率(ROA)看,85家的均值为0.25%,最高为9.41%,其中最大10家均值达到4.55%。Sa-Dhan发布的报告显示:264家微型金融机构的ROE与ROA中值分别为11.5%与

[①] 范璟:《股权回报高达40% 印度微型金融的赚钱神话》,载《21世纪经济报道》,2010-11-12,http://www.finance.sina.com.cn/roll/20101112/03158941042.shtml。

1.6%；最大 10 家微型金融机构的这两个指标分别为 29.5% 和 4.3%。从 Srinivasan（2011）的报告看，2009 年在 60 家收益率为正的微型金融中，6 家 ROA 超过 7%；35 家超过 2%。与之形成对比，2009 年国有银行的平均 ROA 为 0.6%，最高也只有 1.6%，收益最高的私营银行是 2%。

商业化微型金融产业的高额回报还吸引了部分国际资本投资其中。数据显示，自 2006 年以来，印度该行业接受的私募股权投资总额达到了 5.65 亿美元，特别是 2009 年以来，出现了爆炸式增长，近三分之一的微型金融私募股权投资交易发生在印度（CGAP，2010）。印度 Intellecap 白皮书提供的数据显示，在 2009 财年，私募股权基金和微型金融专业投资者在印度完成了 17 项交易，价值 86.7 亿卢比，2010 年上半年，发生了 14 项交易，价值超过 3 亿美元。

2. 过度负债[①]

全球金融创新研究中心发布的《2012 全球微型金融香蕉皮报告》认为，过度负债是目前全球微型金融业面临的最大问题。市场的激烈竞争使机构放松贷款条件，不向借款人充分说明贷款成本及条款，很多机构未能了解借款人的还款能力就自动提高贷款额度，此外缺乏覆盖金字塔底层的征信体系导致多头贷款问题的出现，均使借款人面临过度负债风险。过度负债的后果主要有：一是过度负债最终可能使借款人降低消费，丧失抵押资产，产生不良信用记录，加剧贫穷状况，诱发生理和心理问题，甚至导致借款人自杀。二是过度负债可能导致政治冲击及政策制定者的破坏性过度反应，比如印度。这种破坏性过度反应会损害小额贷款行业，也会使潜在借款人的融资可得性降低。慈善捐助人和社会投资者也可能不再投资于

[①] 过度负债指贷款客户承担的债务水平大于其自身的承受能力，这可能由很多原因造成：个人对自身能承担的债务水平认识不足；收入水平出现变化；或是由于其他未预料事情发生带来的冲击，如遭遇健康状况变化或自然灾害。

小额信贷行业。三是现在不少人对于小额贷款能否真正使数以百万计的低收入借款人脱离贫困越来越缺乏信心。四是过度负债导致大面积违约也会威胁放贷机构的生存。五是过于侵略性的收债行为使问题更加恶化。

以小额信贷危机最严重的印度安得拉邦为例，印度从事微型金融的五家最大非银行金融机构均位于该邦，安得拉邦有1 602万户家庭，但各类机构记录的客户数是2 355万，为家庭总数的1.5倍。这些商业性机构与获得政府支持的非政府组织展开激烈的市场竞争，该邦83%的借款人从多种渠道获得贷款，很多借款人甚至同一时间从不同渠道获得四种以上贷款。2010年国际扶贫咨询协商组织在安得拉邦Kolar镇调研，该镇9家微型金融机构中的7家，至少有33%的客户拥有1笔以上的贷款，20%左右的客户有3笔或3笔以上的贷款。单个借款者平均贷款额度达到全国平均水平的4倍以上，家庭债务负担远远超过其偿还能力。

3. 过高利率及带来的政治干预

过高利率一直是微型金融商业化备受争议的主要原因。虽然自2005年以来微型金融市场竞争日趋激烈，但并未如理论和大多数人预期的那样导致利率降低；相反，利率却一直持续上升并维持在高位。名义利率通常在18%~36%，但有些会高达100%以上。此外，还有注册登记、咨询、保险等各类费用，因而有效利率比名义利率要高得多，且非常隐蔽。就印度而言，在2006年，三分之二的大型微型金融机构的利率和利差在印度央行新规限定的26%与12%范围内。但到了2009年，该比例降到三分之一，意味着大型微型金融机构征收的利率越来越高，并据此获得高利润。以2009年3月31日和2010年3月31日未清偿贷款平均值计算，大型微型金融机构的有效利率介于31.02%和50.53%之间，均值为36.79%；小型微型金融机构的平均有效利率要低，为28.73%。

过高利率并非完全是成本和风险因素。首先，大型微型金融机构的融资成本比小型机构要低甚至低得多，但其征收的贷款利率却比小型微型金融机构要高，因而获得的利润也更高。其次，印度安得拉邦十大微型金融机构中，除 SKDRDP 是非营利性政府组织外，其他 9 家营利性微型金融机构的贷款收益率平均为 25.21%，财务费用与资产占比平均为 7.42%，经营费用占比 7.87%。而有些微型金融机构其实拥有较低的融资成本，如 SEIL 财务支出只占资产的 0.17%，但其经营费用在 10 家中最高，分别占其资产和贷款的 11.46% 和 17.07%，与之形成鲜明对比的是，SKDRDP 只有 3.94% 和 4.78%。可见，在经营同类业务的前提下，微型金融机构的经营成本与其经营管理水平高度相关，而非完全取决于贷款额度的大小。最后，实践无法证明穷人就是高违约人群。印度安得拉邦十大微型金融机构的坏账比例基本上低于 1%，资产规模排名第四的 Bandhan 只有 0.03%，远远低于商业银行。

公益性微型金融机构的信奉者一直质疑利润最大化的微型金融运作方式，认为让穷人承担过高的利息是不公正的。公益性微型金融不纯粹是信贷或经济行为，他们还为穷人提供其他的帮助，比如孟加拉乡村银行就有 16 条农村发展条例，其中包括社会发展的目标和任务。印度 10 个最大的商业性小贷机构，其资本回报率达到 30%，有的甚至超过 100%，而当地商业银行的回报率只有 11% 左右。墨西哥的 Compartamos Banco 于 2007 年上市，印度的 SKS 小额信贷有限公司于 2010 年上市，这两次首次公开募股都大赚特赚，并引起了激烈的争论。

因此微型金融过高利率的主要原因除了贷款客户分散，经营成本居高不下以及机构资金多来自国际批发市场，融资成本高企之外，更主要的是商业化转型后机构追求高回报。

此外，微型金融机构还面临政治干扰。在印度安得拉邦，微型金融业的成功导致"政治资助替代"①，政府指控微型金融业收取高额利息导致借款者过度负债，出台严厉措施限制行业发展。微型金融业确实存在不少问题，但问题被过分政治化后，负面影响会迅速放大。芝加哥大学金融学教授拉古拉姆·拉詹指出印度小额信贷危机很大程度上与政府在微型金融行业遇到问题后盲目限制发展、鼓励借款人拒绝还款有关②。

4. 过多的高收入贷款群体

市场过快增长使微型金融客户基础发生变化，较高收入贷款群体不断增加。根据德意志银行研究，较高收入贷款群体的增加使得微型金融机构盈利水平提高，但其中也蕴含潜在风险。相对于低收入阶层和贫困人群，较高收入群体的收入水平和还贷能力很大程度上取决于外部环境，其抵御宏观经济金融风险的能力相对较弱。从图 7 中可以看出，2008 年全球金融危机以前，较高收入贷款客户带来的收益率明显高于低收入贷款客户，但 2008 年后前者的收益率迅速下滑，后者却保持基本平稳增长。此外，当外部环境恶化时，较高收入贷款群体的信贷违约风险也迅速提高，2009 年违约率上升 2%，而低收入群体的信贷违约率则相对保持稳定。

5. 过多的非生产性用途贷款

根据印度央行 1999 年出台的《微型金融法》，微型金融机构主要服务于从事生产经营但缺乏资金的低收入群体。理论上，仅当借款人的平均投资回报率高于贷款利率时，贷款经营才是有利可图的。否则，过高的利率将导致高违约率，或者把生产性借贷需求挤出市

---

① 印度的微型金融机构大多认为，政府出台限制措施，不是因为这个行业剥削穷人，而是因为微型金融成为政治资助的一个替代方式。政府一般根据自己的喜好命令国有银行为特定的选民群体提供贷款，以换取影响力和民众支持，而微型金融业对这种权力来源造成威胁，因此当微型金融业遇到问题时，政府就抓住机会盲目攻击。

② 拉詹：《小额信贷威胁政治权力》，财经网：http://www.caijing.com.cn/2010-12-09/110588068.html。

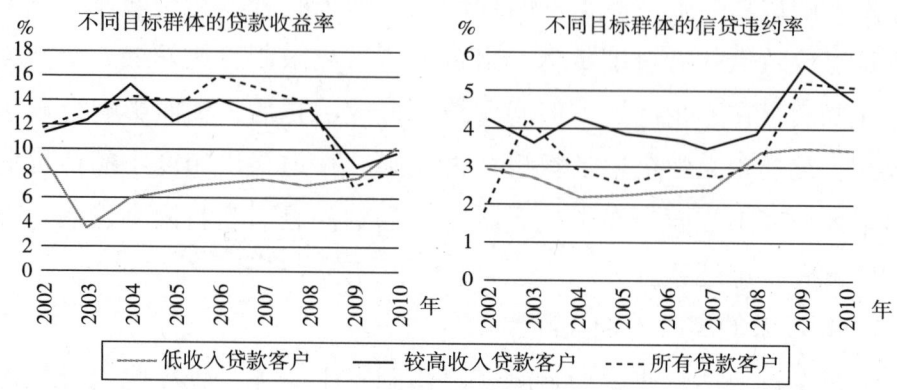

资料来源:德意志银行研究报告"Microfinance in evolution: An industry between crisis and advancement"。

图 7　2002~2010 年不同目标群体贷款收益率和信贷违约率

场。从印度安得拉邦微型金融客户贷款用途上看,用于创业、购买农畜产品、买地等具有生产性投资用途的小额贷款占比仅为 31.9%,绝大部分主要用于借新还旧、建房、看病和其他消费。非生产经营性贷款已占到贷款总规模的 25% 以上。

微型金融监管的最初目标在于保证金融系统的整体性和金融机构的偿付能力,可细分为以下几个目标:促进金融服务提供者的稳健发展、防范系统性风险、建立竞争性市场、保护消费者和改善进入渠道。

由于微型金融主要服务于贫困人群,因此推广普惠性金融是金融监管的进一步目标。此目标又增加了三类新的责任和风险导向:新的服务提供者、新顾客(他们可能对正规金融机构缺乏了解)和新的产品流通方法。为了制定合理有效的监管措施,监管者需要了解微型金融的特点和风险,包括客户及其需求、产品和服务及提供此类产品和服务的机构。

在实现监管目标过程中,微型金融监管者面临的挑战是如何平衡资金可获得性、金融稳定、金融完整性和消费者保护之间的关系。这种复杂多变的平衡需要持续的成本收益分析。通常，它不仅涉及金融监管者，还涉及其他政府部门，如消费者保护机构、社会福利机构及执法部门等。如果这些部门之间没有强有力的沟通和协调机制，有可能会产生实质性的问题。

现在对微型金融实施的监管不仅要保护金融体系和储户利益，而且也要使得穷人等弱势群体能够得到正规金融服务。最初仅通过提供便捷的基本小额贷款就可以满足弱势群体的要求，因此，一些国家通过法律权威来促使非银行主体参与借贷活动，这是很重要的。因为只有在非政府组织或其他非商业借贷者实践过以后，多数商业参与者才愿意进入微型金融行业。通过调整行业管理规定使现行机构能够接触到新客户，或扩展其服务范围，例如消除使小额贷款无利可图的利率上限，或者调整审慎惯例来解决存款类微型金融机构的具体问题等，也有助于实现普惠性金融的目标。如实施优惠税收待遇等相关政策的调整也可以使得投资微型金融更有吸引力。最终，监管能促进新型微型金融机构的建立，应尽可能地开展基于行为的监管，尽量避免基于机构的监管，这样既能创造公平竞争的机会，又能减少由监管套利带来的风险。

同时，微型金融监管还面临监管工具不足的挑战。许多传统的审计和检查工具并不适合微型金融领域。评估微型金融的信贷风险需要特殊的检查技能和技巧，还要对微型金融的经营有较多的经验。因此，在许可准入和设定审慎标准时，监管者需要十分慎重。

四、监管动因

随着微型金融机构的发展与日渐成熟，其商业化程度越来越高，许多风险性因素也显现出来，国际社会普遍意识到对微型金融适度监管的必要性。

（一）微型金融机构逐渐积累系统性风险

为了实现财务上的可持续性，并更好地满足穷人的需求，许多非营利性的微型金融机构寻求从专注信贷的微型金融组织转变为吸收存款的金融中介。但存款业务具有风险性，微型金融机构必须有足够的盈利能力来保护存款安全，否则就会引发影响金融稳定和侵犯小额存款者权益的严重后果。许多国家根据《巴塞尔协议》对银行机构进行审慎监管以控制系统性风险，微型金融机构规模明显小于银行，业务特征与银行也有明显区别，单个微型金融机构可能并不会产生系统性风险，但在激烈竞争的饱和市场上却有可能迅速演变成系统性风险，因此审慎监管也是十分必要的。当然，有些规则适用于传统金融和微型金融，有些则需要进行重大的修改才能应用于微型金融监管领域。

（二）微型金融的快速增长和商业化

微型金融行业近年来发展迅速，其中 2004~2008 年以年均 40% 的速度增长。微型金融的快速发展主要得益于快速的商业化，日益成熟的微型金融机构不断寻求新的资金来源，不再主要依靠捐赠和政府支持。由此造成的副作用就是微型金融机构过分依赖外部资金，并且面临其他信贷机构的直接竞争。由于管理不善以及过分追求利润，许多新转型的微型金融机构忽视了信贷基本原则而盲目放贷，出现严重的贷款逾期问题。尤其是对于部分低收入借款者而言，贷款并不适合他们的需求，也不符合其还款能力，最终演变为偿付危机。1997~2000 年的拉丁美洲和 2010 年的印度就发生过这种情况。完善的微型金融监管有助于控制微型金融的过分扩张行为，防止偿付危机的发生。

(三) 微型金融消费者的权益

尽管致力于消除贫困，微型金融机构快速的商业化导致其过分关注规模扩张和收益，由此产生了两种消费者权益保护问题：一是滥用借贷和清收措施，二是涉及利率传递的准确、透明。滥用借贷指的是微型金融机构不顾借贷者的情况任意放贷，贷款设计与贷款需求无法完全对接，低收入者无法利用贷款改善生活却背负严重债务。利率问题则是借贷者并不完全了解借贷的利率水平，有些利率可能过高。针对这些问题，监管者认为通过制定利率上限可以促进利率传递的透明性，但利率上限也有可能限制小额信贷的可持续发展，阻碍其向贫困人群提供普惠性金融服务。这也是微型金融监管面临的挑战之一。

(四) 新产品和新服务的副作用需要监管

微型金融的快速发展使其多样化程度升高，新进入者带来了新的产品和信贷分销机制，可以更低成本、更安全和更灵活的方式满足低收入者的需求，这对贫困人群有积极意义。但是新的产品和服务也存在风险，对这些副作用进行监管是很有必要的。

(五) 金融危机的教训

根据CGAP的报告，微型金融机构在最初的几十年受到金融危机的冲击比较小。但是随着微型金融行业的商业化，微型金融机构与国际市场将有更多的联系，需要应对全球金融市场的动荡，很难在金融危机下独善其身。拉丁美洲和东欧一些国家的微型金融机构就不同程度地受到2008年国际金融危机的冲击。因此，随着微型金融的成熟和从国际市场获得融资，对其进行审慎监管的必要性也不断增加。

（六）预防欺诈和金融犯罪

金融领域的犯罪行为影响较为严重，需要严厉打击。微型金融领域的犯罪行为主要包括洗钱行为、证券犯罪以及滥用投资安排。在很多国家，现行的打击欺骗和金融犯罪的管理规则已足够解决微型金融面临的问题，重要的是保证现行法律的实施而不是创造新的规则。

第二部分 金融监管的一般原则和微型金融监管框架

一、金融监管原则

监管是监督（supervision）和管理（regulation）的总称，本义即管理法人和自然人行为的约束性规则。监管应用金融领域即金融监管，是指金融监管当局对金融机构实施全面的、经常性的检查和督促，并以此促使金融机构依法稳健地经营、安全可靠和健康地发展，涉及金融监管当局依法对金融机构及其经营活动实行的领导、组织、协调和控制等一系列活动。金融监管原则，即在政府金融监管机构以及金融机构内部监管机构的金融监管活动中，始终应当遵循的价值追求和最低行为准则。金融监管应坚持以下基本原则。

（一）依法原则

依法原则又称合法性原则，是指金融监管必须依据法律、法规进行。监管的主体、职责权限、措施等均由金融监管法规和相关行政法律、法规规定，监管活动均应依法进行。虽然各国金融管理体制各有不同，但在依法管理上都具有一致性。这包含两方面的含义，一是金融机构必须依法接受一国金融监管当局的监管；二是管理者实施监管也必须依法，以保证监管的权威性。

（二）公开、公正原则

监管活动应最大限度地提高透明度，要求操作上的公开，规避监管中的暗箱操作行为，节约监管资源和成本，提高监管质量。同时，监管当局应公正执法，平等对待所有金融市场参与者，做到实体公正和程序公正，对金融机构违规行为的查处要一视同仁，营造金融业公平竞争的外部环境。

（三）效率原则

效率原则是指金融监管应当提高金融体系的整体效率，不得压制金融创新与金融竞争。同时，金融监管当局合理配置和利用监管资源以降低成本，减少社会支出，从而节约社会公共资源。

（四）独立性原则

金融监管能否做到公平、公正，很大程度上取决于监管部门的独立性和独立程度，因此在执法中，为排除社会各界的干扰，监管机构及其从事监管工作的人员应依法履行监督管理职责，受法律保护，地方政府、各级政府部门、社会团体和个人不得干涉。

（五）协调性原则

监管主体之间职责分明、分工合理、相互配合，实现信息共享，防止监管主体争夺监管对象和监管权力，这样可以节约监管成本，减少资源浪费，同时避免因多头监管引致的监管重叠和监管空白，减少监管套利等行为的发生，提高监管的效率。

二、金融监管模式

(一) 审慎监管和非审慎监管

审慎监管和非审慎监管是目前最重要的分类方式,两种监管模式目标差异较大。审慎监管目标是保护被监管机构的偿还能力,保护存款人的储蓄免受损失,同时当一家存款机构发生问题时,其他机构不会受到传染。非审慎监管不考虑被监管机构的财务状况,主要关注消费者保护、金融犯罪的管理以及国家战略等。一般来讲,存款类微型金融机构适合审慎监管,除非有特殊情况,非存款类微型金融机构不应被审慎监管。

当一个存款类金融机构无力偿付或者缺乏充足的流动性时,它就不能为客户兑付存款。如果是一个大型机构,它的失败会严重地损害其公信力,甚至金融系统都会遭受储户挤兑或发生系统性风险。因此,审慎监管要求政府监督这些机构的资本充足率,并在出现问题时及时行动。与此相反,非审慎监管,也被称为"商业行为"监管,不要求监测或评估监管对象的财务健康。

非审慎监管往往具有三个目标:保护金融消费者;促使大型机构提供多元化的产品和服务;为政府执行经济、金融和刑事法律政策提供信息。一些非审慎监管须常规化执行,包括民事刑事诉讼和私权。其他的非审慎监管可能由具体的监管机构执行。有时一个规则同时适用于审慎监管和非审慎监管。例如,有效的消费者保护有助于提高资产质量,同时,也有利于促进金融机构整体的财务健全。

对于审慎监管和非审慎监管,普遍认为实行审慎监管通常比非审慎监管更复杂、更困难、成本更高。这在一些发展中国家尤为突出,这些国家的监管者对主流银行和保险业的监管已经捉襟见肘。

因此，一个很重要的一般性原则就是避免对可以实施非审慎监管的机构使用严格的审慎监管。例如，如果只是为了防止有不良记录的人控制或者拥有非存款类微型金融机构，监管者没有必要承担起监测保护此类金融机构资本充足率的义务，仅要求其公开最终控制人的身份即可，并且对其进行适当的筛查。

为什么政府不对非金融企业实施审慎监管？因为银行不同于其他经营机构，更多地是用别人的钱（主要是来自公众的存款）来开展自己的经营。这就使得管理者具有高风险偏好。更为关键的是，银行易遭到存款挤兑。一旦储户对一家银行失去信心，很快就会传播到其他银行的储户，威胁到整个银行系统的稳定性，进而给其他行业带来严重的后果。人们普遍认为，当金融系统稳定性或是储户资金安全受到威胁时，审慎监管是有必要的。

（二）机构监管与行为监管

机构监管和行为监管的分类主要基于监管对象的不同，机构监管主要指对规定的金融机构进行监管，而行为监管主要针对特定的金融行为。在选择机构监管和行为监管时，还可以与审慎监管和非审慎监管相结合。比如一些审慎监管原则还取决于机构类型，不同的机构对所批准的经营活动或资本充足率有不同的要求。虽然从理论上来讲，行为监管作为准则更有意义，可以促进公平竞争减少监管套利，但是在政治上不太可行。例如，要求市场新进入者和根基稳固的老牌机构公平竞争，这样的监管是很难实施的。

（三）现场监管与非现场监管

监管中常用的监管方式分为现场监管和非现场监管，这也是监管当局对金融机构进行监管所采取的基本方式。在当前金融危机频发的国际背景下，风险监管逐步成为监管的主流理念，因此出现由以现场监管为主向非现场监管为主的逐步过渡的趋势。

现场监管是指监管当局派出检查人员对机构进行实地检查，通过检阅金融机构经营活动的账表、文件等各种资料，通过座谈、问询等方式，对金融机构的经营管理情况进行检查、分析、评价和处理，督促金融机构合法稳健经营，提高经营管理水平，维护金融稳定的监管方式。

非现场监管是监管机构运用现代化的监管工具，通过建立科学合理的检测指标，监测、判断与及时掌握金融机构的运行状况、风险因素和突出问题，并采取防范和纠正措施的监管行为。非现场监管是一种事前监管，目的在于认识、监测和控制银行业务在内的风险，因此通常能反映出银行存在的潜在问题，并提前采取纠偏措施。与现场检查相比，非现场检查成本更低、效率更高，同时具有及时性、准确性、连续性和全面性等优点，非现场监管是贯穿金融监管流程的主线，也是构建持续性监管体系的重要手段。但非现场监管也存在其劣势，即依靠静态监测数据资料，只能分析问题的表面，而不能揭示深层次的问题。同时，由于不能到达现场，监管上难以取证、定性，也影响到监管的效果。

因此，现场监管与非现场监管方式并非对立，两者缺一不可。正确的监管方法是灵活使用两种方法，通过彼此配合，提高监管效率，避免监管真空的存在。

（四）金融消费者权益保护

金融消费者权益保护主要集中于三个方面：一是充分而透明的信息，即为消费者提供精确且易于理解的定价及其他条款信息；二是公平对待，即避免过度放贷、不正当催收及其他针对客户的不道德行为；三是救济机制，即提供有效的投诉、纠正错误或解决纠纷的机制，维护金融消费者正当权益。此外，消费者本身的金融技能也是金融消费者保护监管措施的重要补充。实际上，在许多发达国家和越来越多的发展中国家，政府越来越重视消费者金融技能，并采取了许多切实有效的措施，全面提升消费者金融技能，包括金融知识、理解力、技能、态度等，尤其是提高消费者根据其社会和财务情况正确作出金融决策的能力。

金融消费中，服务对象并不一定总是受益于金融服务，而服务提供者为了实现自身利益最大化，也并不总是公平对待客户。实际上，随着信贷市场的迅速发展，市场已趋近饱和，市场竞争会越来越激烈，这导致过度放贷或其他不符合客户利益最大化的行为时有发生。因此，监管当局对金融消费者权益保护的关注度也越来越高。

（五）金融犯罪的防治

金融犯罪最显著的特征是以欺骗的方式攫取公私财产，扰乱金融秩序。具体表现为非法集资、贷款、金融票据、政府债券等数额较大的诈骗活动。金融犯罪的主体包括单位或个人。随着现代金融的发展，金融犯罪的领域也在不断拓宽。从过去的货币、银行、信贷、证券、保险等领域，向基金、信托私募等领域延伸。因此，即便存在金融犯罪行为，也往往因为无法可依，或者缺乏相应的监管手段，难以得到遏制。这对金融监管的预见性、灵活性和针对性是一个极大的考验。

金融监管不到位和金融机构风险防范意识较差，为金融犯罪提供了平台。在大量的金融犯罪中，金融管理制度的缺失为违法行为创造了环境。因此对于金融犯罪行为，除以严厉的法律措施约束之外，完善的监管制度不能忽视。树立适度监管、规范监管、服务监管的理念，完善金融机构内部各项管理制度，完善内部权力制约监督机制。同时需要加强对金融机构的外部约束和监督。内外部监管机制的建立和启动，才能有效地防范金融犯罪的发生。

(六) 税收政策

国际金融危机后,金融交易税、金融稳定贡献税、金融活动税等一系列金融税收政策被提了出来,金融业税收政策也成为全球关注的议题。税收是国家财政收入的主要方式,也是国家进行宏观调控的重要经济杠杆。金融业税收政策,不仅影响到金融企业的经营状况,也将影响整个金融市场的健康发展。

对金融业征税,在宏观层面,有助于提升宏观经济效率,增加政府财政收入,降低系统性金融风险。在微观层面,金融业税收政策能够对金融行业的规模与结构,以及金融产品、经营绩效和公司治理等影响金融业发展的因素产生重要的影响。金融业税收政策应遵循效率优先、中性与调控性并存、金融服务实体经济等原则。科学合理的税收政策,对于特定金融领域的发展意义重大。

三、微型金融监管的原则

微型金融更多的是一种处于传统金融之外的非正式金融,由于微型金融的资产由大量小额、无担保贷款构成,因此,需要与正规金融有差异的监管机制。世界许多国家正在不断完善微型金融的监管框架,世界银行扶贫协商小组(CGAP)也发布了微型金融监管指南。但是,微型金融监管还有许多需要完善的地方,监管的目标和原则需要明确,具体的监管方法效果也差异较大。

与普通的金融监管相比,微型金融监管的独特之处在于受监管的对象是微型金融机构,监管方法和原则也有别于一般金融机构。根据金融监管的基本定义以及微型金融监管的实际情况,微型金融监管可以归纳出两层含义:静态含义和动态含义。静态含义指的是维护微型金融机构和市场稳定有效运行的一系列原则或法律规则,包括许可、报告检查制度、强制性指令、矫正措施及信息披露规定等；动态含义则是监管通过对微型金融机构的检查和监测机制确保其遵从管理规定的过程。

目前各国的微型金融监管框架有较多差异，针对不同的机构和不同的行为采用不同的标准或不同的方式来监管。在客户目标群体、借贷方式和组织架构方面，微型金融机构有着和传统金融机构不同的特征，因而套用传统金融机构的监管立法框架常常是不适用的，而有必要设计一套针对微型金融机构的监管框架。在这个制度设计的过程中，必须从根本上维护和改善微型金融机构的可持续性，并要切记合理的监管不应妨碍微型金融机构的灵活性和创新性；同时监管本身的成本收益分析也是不可忽略的，应更多地启发引导建立有效的内部监管体系。

（一）灵活性原则

微型金融是一种金融创新，政府应该采取宽严适度的监管立法框架、灵活的监管手段，引导和规范微型金融机构的灵活性和创新性以及微型金融机构的运行，为其提供发展空间，促进微型金融机构可持续发展。各国的监管立法框架设计与本国的情况及微型金融机构的实际性质和类别相适应，针对本国不同的微型金融机构，各国制订了不同的法律监管制度，其监管模式及监管内容与本国的状况相适应。

（二）效率原则

金融机构运行效率在一定程度上反映了监管的效率。而对微型金融机构的监管常常出现的问题是限制了这些机构的动态效率。由于存在着双重目标——维护金融市场稳定和促进金融机构效率，在实际监管过程中不得不有所妥协。那些旨在维护稳定的措施常常会妨碍竞争从而降低效率。最有效率的制度安排应该能够及时发现自身错误并作出调整。为建立统一的竞争环境，相同的行为应该遵从相同的规则。监管原则应确保金融机构间的公平竞争，避免对金融机构间的竞争造成扭曲，建立一种竞争平衡关系。

目前普遍认为，为了在促进公平竞争的同时推动普惠制金融的实现，相似的经营行为应受到相似的管制，而不管接受监管的是哪类机构。与之相反，适用于微型金融机构的大多数非审慎标准通常是普适的。而且许多大型银行也可能进入微型金融领域，如果对这类业务进行同样的监管，微型金融机构可能无法竞争。

（三）分类监管原则

对只提供贷款业务的微型金融机构进行非审慎监管；对开展微型金融业务的正规金融机构进行审慎监管；对于不吸收公众存款的微型金融机构，监管框架的设计应使那些经营业绩优秀、公司治理良好的机构能逐步扩大业务规模和资本回报率，扩大资金来源，最终能够以某种形式获得储蓄资金，或者是批发机构的转贷资金。

存款类微型金融机构适合审慎监管，除非有特殊情况，非存款类微型金融机构不应被审慎监管。而只贷不存的微型金融机构对储户显然不会带来任何危险，对它们应当实行合适的非审慎监管。微型金融监管成本很可能高于其他金融机构的监管，因而要避免用复杂的审慎规则进行非审慎监管。因为审慎监管通常比大多数非审慎监管复杂、困难和成本高。

（四）成本—收益分析原则

审慎监管（比如资本充足率标准或关于准备金与流动性的要求）总是要有专门的金融监管机构来从事此项工作。要对全国范围所有执照机构实施监管需要实物资本和专业技能水平，这对于一个国家的金融监管当局来说是一个沉重的负担。因此如果目的不是为了保护储户的安全性和金融机构的整体稳定性，监管当局不必承担监控和保护微型金融机构的稳定性这些工作，只要求登记注册，公开微型金融机构的拥有者和管理者的信息，以及提交"健全及恰当"的检查即可。一些非审慎的管理可以放在一般商业法规下进行的，由执行这些法律的政府部门来管理。

所有监管规则和方法必须遵从成本收益分析原则，过度监管会给监管者和微型金融机构都带来负担，同时阻碍创新。例如，当微型金融机构数量较多的时候，监管成本可能高于微型金融机构的风险成本。也就是说，金融监管可能对金融系统造成负面影响，应当将这种负面作用降到最低。因此，采用成本节约和有效的方法来监管微型金融机构是监管者需要重点考虑的。

四、微型金融的监管模式

（一）在银行法框架下进行监管

实施这一类型的监管方式是建立在微型金融机构从事的是银行业务的前提下，即微型金融机构吸收个人存款并发放贷款，所以应该将其纳入现有的银行监管体系中来。

这种监管方式既包括现场监管，也包括日常监管。通常由政府的专业银行监管机构负责进行监督，但在一些情况下也可能是由一个或多个独立的私人监管机构完成这项任务。但若同时使一个机构肩负监管金融机构以及为金融机构服务的双重任务的话，将很可能引发监管机构的机会主义行为。

这种监管方式的一个好处是，政府可以动用大量的金融资源，并且使得政府监管享有很高的信用度。在很多国家，对于不同类型的金融机构，如商业银行和金融公司，有着不同的监管规定。而寻求正式身份的微型金融机构可以从中挑选出最适宜自己需要和能力的法律框架。利用这一框架实施监管的微型金融机构包括玻利维亚的 BancoSol，哥伦比亚的 FinanSol 和肯尼亚的 K‒Rep 银行。

（二）在特定的微型金融机构法律框架下进行监管

实施这一类型监管的前提条件是：一方面，监管者意识到微型金融机构的重要性；另一方面，微型金融机构也发展成熟到能够适应法律监管的地步。监管机构可以是现有监管机构的新增部门，也可以设立一个完全独立的新机构。对于微型金融有丰富经验的私人咨询公司也可以担负监管的责任。利用这一框架实施监管的代表性案例包括玻利维亚的 Fondos Financieros Provados（FFP），秘鲁的 Caja Municipal de Ahorro y Credito（CMAC）和 Entidad de Pesarollo Para la Pequena y Microempresa（EDPYME）。

（三）自我监管

政府监管部门出于对微型金融机构缺乏兴趣、监管能力不足或是缺少对微型金融机构了解等原因都可能导致政府部门极少介入微型金融机构的监管活动，从而使其在自我监管的框架下运行。微型金融机构实行自我监管的动力在于向外界（包括捐款者、商业投资者和存款者）发送一种"成功信号"，从而降低它们的融资成本或是由此获得新的融资途径。

在这种监管方式下，一个旨在披露信息的机构取代了政府监管的地位，自我监管演变成了金融机构的评级系统。但是自我监管不能仅仅为了保护投资者的利益，同时它还必须兼顾消费者的利益，因而监管的威慑作用必不可少。例如，政府可以规定微型金融机构必须加入某一个自我监管组织，不可以随意退出。政府还可以赋予自我监管组织特殊的权力，如关闭成员中经营不善的微型金融机构。利用这一框架实施监管的代表性案例包括菲律宾的微型金融标准联盟。

微型金融监管者的选择可以分为两类：中央银行监管或者其他政府机关监管。中央银行是最常见的监管者，可以为微型金融机构提供合适的金融基础设施。正规的机构如商业银行、金融公司等提供的微型金融服务已经置于中央银行的监管下，因此中央银行的监管条件较为充足。如印度的非银行金融公司受印度央行的管理，遵从正常的审慎监管和资本充足率要求。

其他政府机关通常负责登记及其相关的事务，比如营业许可和税收费等。中小型或者受政府管理的NGO微型金融机构通常不受监管当局管理，亚洲国家的大部分NGO微型金融机构只是登记，不受监管。正规机构中不受中央银行监管的案例属于例外，如印度尼西亚的乡村银行受政府监管，印度的互助合作社受到政府资助，却不受政府干涉。

第三部分　对存款类微型金融机构的监管

微型金融机构根据资金来源可以分为存款类微型金融机构和非存款类微型金融机构。非存款类微型金融机构主要靠自有资金、借款和捐赠资金来运营，而存款类微型金融机构可以向公众吸收存款。存款类微型金融机构包括银行、储蓄机构、合作社、接受存款的专门微型金融机构等。通常来讲，存款类微型金融机构需要对存款的安全负责，具备系统性风险特征，需要像正规银行一样接受审慎监管。

通常来讲，存款类微型金融机构的监管责任应该由监管商业银行的同一个机构来承担，这样监管套利的机会比较少。但银行监管者自身的资源有限，在保证对大型商业银行的监管职责之外，无法保证分配足够的人员和资源去监管微型金融机构。因此，为了减少监管当局的负担，有些学者和机构建议采取"委托监管"以及"自我约束"的方式。当然，最终采取何种方式根据具体国家情况而有所不同，如果资源充足，保证统一的监管者是比较好的选择。

一、银行监管机构和辅助监管

（一）参考银行监管的方式

在当前国际经验中，由中央银行来负责存款类微型金融的监管是主流，例如印度储备银行被确定为印度微型金融机构的唯一监管者。银行监管者具备监管所需的专业、技能和手段，对存款类微型金融机构进行监管能够利用现有技术，减弱监管套利的动机，还有可能更好地维持监管的独立性，同时，在沟通和信息共享方面也可以得到较大改善。

现有监管机构实施监管时，可以考虑下设单独的微型金融监管部门，也可以由其他部门负责执行，这将视不同国家情况而定。监管部门在人员分配时需要处理一定的冲突。对工作人员而言，他们通常都会认为银行监管比微型金融监管更具吸引力，从事微型金融监管的意愿不高。因为微型金融监管者的权限较少，与高层官员接触也少，同时也不容易跳槽到商业银行赚取高薪。因此，要想维持微型金融监管人员的稳定，需要将这些因素考虑进去。理想情况下，微型金融机构的监管由专业的人员负责能够保证监管目标的实现。如果微型金融机构数量较少，由一般监管人员经过专业性培训后进行监管即可。随着微型金融机构数量的增多，监管机构在专业人员方面可能面临较大压力，需要加强监管人员的培训和培养。

目前，各国在监管存款类微型金融机构时是否同时可以监管非存款类微型金融机构的问题上存在一定争议。对银行业监管机构来说，同时要承担这两项职责将变得更加复杂，因为两种机构的监管内容和重点不一样。但是，在监管职能上两者也有一定程度的重叠，比如都涉及消费者权益保护等。通常认为，银行监管机构只负责存款类微型金融机构监管,不负责非存款类微型金融机构的监管,因为这可能导致对非存款类机构监管的混乱以及过度监管。

(二)委托(辅助)监管

如前所述,现有银行监管机构在监管微型金融机构时可能面临人员和监管资源不足的情况,由此出现了委托监管的方式。委托或者"辅助"监管是指政府金融监管机构通过一系列制度安排直接将监管职能委托给外部机构,自身只负责监督这个机构的工作。委托监管最常见的形式是应用于对金融合作社的监管,但一些国家也将其应用于非银行金融机构的监管。

委托责任包括数据收集和处理、非现场监测、现场检查、行动建议、纠正强化措施、关停命令以及接管和流动性支持等。尽管委托监管解决了监管机构人员及资源不足的问题,但委托监管也存在局限性。由于存款类微型金融机构需要进行审慎性监管,除了银行监管者之外,其他机构可能缺少完成其职能所需的足够知识和专业能力、工作独立性以及落实改正措施的权力。目前各国的实践中,成功的委托监管例子并不多。当主要监管机构密切监测并且能够有效控制受托监管者工作质量时,委托监管似乎能够奏效,至少一段时间内能够发挥作用。但是,同时需要委托方投入大量的时间和资源,权衡成本和收益。

在选择监管模式时需要运用成本收益方法分析利弊,如果实行委托监管模式,应充分认识以下问题:

(1)委托监管以及政府对受委托机构的监管成本由谁负担?

(2)委托监管是否比直接监管成本更低?

(3)当受托监管方不可靠、其监管职能必须被撤销时,政府委托方是否存在可行的退出机制?

(4)受托监管机构的职责和权力是什么?能否授权其实施罚款、

调查违规行为以及举行听证会的权力？

(5) 当被监管机构破产，谁有能力负责对其实施接管、清算或者合并等措施？

这些问题目前并没有得到很好的解决，这也是成功经验不多的原因。在以后的完善过程中，监管者需要继续面临这些挑战。

（三）自我约束和监管

同样是基于成本收益的考虑，政策制定者认为由政府金融监管机构对大量的微型金融机构实施直接监管成本较高时，有可能采用自我约束监管机制。"自我约束"有很多层意思，为了避免产生歧义，这里有必要明确一下其含义。这里的"自我约束"指被监管主体对自身实施有效的审慎监管，而非由政府监管者实施。

发展中国家已经多次试行金融中介的自我约束机制，然而却很少能够保证被监管组织的稳健性，尤其是在存款类微型金融机构的审慎监管方面成功案例更少。虽然理论上不能断言自我约束不可能实现，但由于其内在的利益冲突，自我约束胜算很小。如果监管者的目标是强化金融原则和控制风险，那么自我监管可能更像是一种不明智的赌博。

有时监管者会要求小型专业中介机构施行自我约束，这并不是因为他们认为这种监管有效，而是因为这些存款类机构不被监管从政治上考虑更合适一些。自我约束可能不会维持金融中介的稳健运行，但可能有助于这些机构实行报告制度和建立良好的行为规则。审慎监管的重要目标是保护存款者的利益，在这种情况下，存款者可能对其存款的受保护程度并不了解，遭受损失的可能性增大。

综上比较三种监管机构模式选择，由现有的银行监管者来负责微型金融机构的监管更加有利于监管目标的实现，但监管者面临监管资源和监管人员不足的挑战，需要进一步解决。

二、存款类微型金融机构的审慎监管标准

对存款类微型金融机构实施审慎监管已在国际上达成共识，审慎监管的内容主要包括资本充足率要求、机构的治理结构以及风险的控制措施等。与传统商业银行的审慎监管相比，微型金融机构的审慎监管标准需要根据微型金融的运行特点进行适当调整，从而更好地维持微型金融市场的稳健发展。

（一）资本充足率要求

1. 最低资本要求。微型金融监管者掌握的资源有限，如果微型金融机构数量过多，监管成本将会急剧上升，因此监管者需要在发放许可的金融机构数量与这些机构能够受到的监管效果之间进行权衡。由于微型金融机构的资产规模相对较小，如果用被监管资产的占比作为标准进行比较，监管者对其监管的成本要高于对银行监管的成本。而且微型金融机构的系统性风险较小，过度监管可能导致机构的发展和创新受到抑制，进而可能造成存款人损失的可能性增加，这恰好与其当初的监管目标相反。因此，为解决这个问题，需要对许可机构的数量进行一定的限制，而进行限制的最好办法就是设定一个准入门槛，即最低资本要求。一家微型金融机构如果想获取吸收存款的许可，机构所有者须投入的最低资本数量必须达到一定要求。最低资本要求设定得越高，则可获得许可的机构数量就越少，微型金融监管者的监管成本就会降低。

根据国家地域的不同，最低资本要求也不尽相同，但最低资本要求的设定应该具备较高的合理性。最低资本要求须能够满足基础设施、信息系统投入所需资金，并能够覆盖启动阶段的亏损。在最低资本要求的设定上，不同的利益团体具有不同的诉求。微型金融

机构的经营者和支持者往往希望最低资本要求能够设定得低一些，以便能够更容易地获得许可，这样机构就可以通过吸收公众存款来迅速扩大资产负债规模，从而获得更快的发展。监管者则与此相反，其目标是对从事吸收存款机构的财务稳健性进行监督，由于监管者掌握的资源有限，能够有效监管的机构数量受到限制，因此它们通常倾向于较高的最低资本要求，以确保进入者能够稳健运营。从存款者的存款安全角度来考虑，较高的最低资本要求意味着存款更加安全。从市场角度考虑，发放的许可越多，引致的竞争就越激烈，市场的竞争性也会越强，可以避免市场的垄断产生，但这并不必然意味着正确的政策应旨在形成很多小型存款类机构。在有些国家，由于放松了最低资本要求，很多小型服务商获得许可进入市场，但其提供的服务可能还不足以覆盖其增加的监管成本，从成本收益角度来看这是不合算的。总而言之，微型金融供给者的适度数量受一国市场规模和差异的影响，在设定最低资本要求时应充分考虑实际情况。

最低资本要求可能需要进行动态调整。因为当政策制定者首次放开存款类微型金融的准入时，监管资源将面临多大的压力以及监管人员何时才能了解微型金融的发展特征，都是非常不确定的。在这种不确定下，一些监管者在初期理性地选择了保守的政策（更高的最低资本要求），等监管者对发放准入牌照和对微型金融的实际监管有了更多的经验，再对政策进行调整。在调整的灵活性方面，如果最低资本要求是由监管者规定而非由立法确定，那么后期的政策调整将容易得多。

2. 资本充足率水平要求。前面所述的最低资本要求只是进入的门槛，随着微型金融机构贷款规模的扩大，可能无法准确衡量机构的风险水平。此时，资本充足率是监管者首要关注点，它可以较好地衡量银行资产和资产负债表表外风险敞口的规模和风险程度，监管机构通常会要求机构持有充足的资本。

资本充足率的高低同样具有较多的争议。更高的资本充足率意味着企业可以稳健经营，储户和金融系统面临较低的风险，但更高的资本充足率也意味着来源于存款的资金减少，限制了机构规模的扩张从而降低利润，对投资者的吸引力也会下降。通常来讲，新的微型金融机构一般比商业银行需要花费更长的时间来利用自有资金建立贷款组合，所以在最初几年内高资本充足率可能对它们没有多少损害。然而从长期看，高资本充足率制约了微型金融机构放贷规模的扩张，减少了穷人获得贷款和享受其他金融服务的机会。因此，监管部门在设定资本充足率标准时需要平衡安全性和信贷金融服务机会的获取。

巴塞尔协议等已经对商业银行设定了资本充足率要求，那么微型金融机构的资本充足标准应该照此同样执行还是进行一定的调整呢？学术界对此有过多年的讨论，目前普遍认为微型金融机构应该要求更高的资本充足率。主要原因在于：

第一，小额贷款组合的特点。管理良好的微型金融机构往往保持良好的还款表现，不良还款行为往往低于传统零售银行。然而，小额贷款组合还款表现如果出现恶化，其速度也要要远远超过传统零售银行业务组合。与商业银行贷款相比，很多小额贷款是无担保的，或者抵押资产不足以覆盖贷款加成本，一旦出现违约，补偿手段比较欠缺。另外，借款者偿还小额贷款的主要动机是预期未来获取贷款。当借款者看到其他人没有归还贷款，继续归还的动机也会下降，因为拖欠行为的出现使得小额贷款机构经营状况恶化，不太可能有能力用后继贷款对借款人的忠诚进行奖励。如果借款人没有风险抵押物，当别人不偿还时他可能会觉得偿还贷款是愚蠢的。因此，微型金融机构中拖欠行为是可以传染的。作为一般规则，如果一个小额贷款的年化贷款损失率上升到5%以上，或者10%以上的资产组合出现预期超过 30 天，管理者必须迅速地纠正这种状况，否则很可能会失控。

第二，高管理成本。小额贷款管理成本与个人贷款的规模高度相关。由于微型金融机构的贷款以小额贷款为主，其管理成本与商业银行相比也相对较高。要维持下去，微型金融机构需要收取比传统商业银行更高的利息，更高利息则加重了借款人的负担，潜在的违约率就会升高。当贷款不能被偿还，微型金融机构就不能收到现金以弥补贷款相关成本，而微型金融机构自有资本较少，拖欠导致微型金融机构资本充足率下降速度远远快于传统商业银行。

第三，贷款组合问题。资产组合的多样化可以有效降低风险，但微型金融机构的资产往往局限于一两种有大量共同风险的贷款产品。此外，大部分微型金融机构只在特定的区域内运行，无法跨区经营。比如微型金融机构的贷款可能集中于某个地区的农户养殖贷款，虽然贷款笔数较多，但面临的风险是基本一致的，一旦出现问题，就可能形成大规模违约。

第四，管理和系统的成熟度。大多数的微型金融机构没有很长的成长记录，与银行相比往往缺少管理经验和团队。对于转型中的 NGO 微型金融机构来说，由于经营模式的改变，同样也要面临转型团队缺乏经验来应对储蓄机构的资产和流动性管理方面的挑战。

第五，监管工具的限制。由于微型金融的历史不长，许多国家的监管机构在判断和控制微型金融机构风险方面也没有多少经验。此外，一些重要的监管工具不能很好地应对专门的微型金融机构。为了弥补监管工具的欠缺，提高资本充足率要求成为一种选择。

当然，也有人对此表示反对，他们强调微型金融机构和银行公平竞争的重要性，并且指出许多有执照的微型金融机构已开展多年稳定的贷款。然而，最近经验表明小额信贷的长期风险可能高于早期风险。特别是，当竞争者激烈地争夺市场份额时，更多的小额信贷市场日趋饱和。最近成熟市场中爆发的严重的过度负债和积累问题，更加强化了对无抵押信贷资产的机构实行更高资本充足率的要求。

3. 金融合作社的资本充足率。金融合作社虽然不吸收公众存款，但会员缴纳的份额与存款具有相似的特征，对其提出资本充足率要求是理所应当的。所有的社员在加入合作社时需要投资最低数量的股权资本，但是与银行的普通股投资不同的是，社员的股权资本通常在他离开合作社的时候撤回，因此金融合作社的资本总额是不确定的。从监管角度来看，这类资本的安全性也无法令人满意，因为它可能在最需要的时候被撤回。解决这个问题的方法是当合作社的资本充足率下降到一定水平后，对成员股本资本撤回的权利进行限制。另外一个方法是提高资本的积累，例如可以拿出一部分留存收益用做资本。一定时期后资本充足率完全基于留存收益，也就具备了较强的稳定性。

专栏2　巴塞尔核心原则与存款类微型金融机构

1997年，巴塞尔银行监管委员会与成员国、非成员国及其他国际团体的监管机构一同，确定了25条有效银行监管的核心原则，以此提出了银行监管的规则标准。原则在2006年重新修订，以反映全球银行业监管的重要变化，并在2012年再次修改以应对后金融危机的教训，强调相称原则。

随着微型金融的发展，许多国家的小额信贷业务正作为核心业务或者作为多元化产品阵容的一部分，越来越多地被正规的金融机构所提供。这给监管者也带来了新的压力，监管者必须熟知小额信贷和传统银行业务之间的差异以及小额金融机构的特性等全面知识，以建立并始终如一地使用设计好的监管工具和监管方法。

2010年8月，巴塞尔银行监管委员会公开了《小额信贷和有效银行监管的核心原则》，主要包括两部分内容：《巴塞尔核心原则》（以下简称《核心原则》）运用于存款类小额信贷的指导方针和小额信贷监管的实践范围。《核心原则》为监管从事小额信贷活动的银行和其他吸收存款机构（Other Deposit Taking Institution，ODTI）使用《核心原则》提供了指导，凸显了各核心原则在传统小额银行业务和小额信贷业务之间的差别，并指出可能需要调整的领域，从而帮助各国监管者设计吸收存款的小额信贷活动的监管原则，实现有效监管。小额信贷工作组还组织了全球范围的小额信贷监管的调查，描述了不同司法区域内的小额信贷监管的实践和趋势，为制定指导方针提供了背景信息。主要内容如下：

一、小贷业务的新地位与监管

当前，许多国家的小额信贷业务，正作为核心业务或者作为多元化产品阵容的一部分，越来越多地被正规的金融机构所提供。小额信贷机构吸收存款的现象越来越明显：在发展中国家，其他吸收存款机构（ODTI），包括合作社，拥有大约存款总额的5%；但是它们所服务的客户可能在管辖区中占相当大的比例。例如卢旺达，ODTI持有10%的存款，但却为近40%的储户服务。另外，调查显示，一些市场受监管的非银行贷款金额可能超过授权银行。例如，来自孟加拉国最新数据显示，与银行的440万元相比，小额信贷机构持有近700万元未偿还贷款；而赞比亚的小额信贷提供者拥有约为商业银行3倍的借款者。

有鉴于此，ODTI应该有与其类型、复杂性及交易规模相配套的监管体系。按照谨慎监管规则和其他要求来看，这项业务的风险给监管机构和监管者带来一定的成本。因此，小额信贷监管应首先权衡风险并对风险进行管制，同时衡量小额信贷促进金融作用的监管效果，实现有效监管。

二、小贷监管的核心原则及调整

巴塞尔委员会要求小额信贷工作组确定小额信贷监管的相关巴塞尔委员会标准，小额信贷工作组使用了25条核心原则，其中有6条原则普遍适用于银行和其他从事小额信贷活动的吸收存款机构，包括：原则1（目标、独立性、权力、透明度和合作）、原则4（大笔资金转移）、原则5（重大收购）、原则12（国家与转移风险）、原则24（并表监管）和原则25（母国和东道国的关系）。其他19条原则考虑了小额信贷业务的特殊性，需要某种程度的变动调整。

1. 原则2（许可的业务范围）和原则3（发照标准），应针对从事小额信贷活动的ODTI的交易类型和规模进行相应设计。被许可的小额信贷活动的类型，应有明确的法律定义，并与机构规模、管理产品和客户端风险的能力大小相匹配。此外，监管当局应保留并发布已获许可和被监管的ODTI的最新列表，警惕机构非法提供金融服务。鉴于业务（特别是在农村地区）的复杂性、范围及规模，ODTI的初始资本要求更低可能是适当的，但监管者应限制ODTI从事业务的种类。当某些参与者或部门在系统上变得重要或开始采用新技术（如手机和非银行代理）时，就可以采用持续监管的方法。

2. 原则6（资本充足率）需要调整。资本充足率要求与各类机构的小型信贷风险本质和专业ODTI资本的规模和构成相关。其中，定义合作性质的ODTI的监管资本特别具有挑战性，因为一旦有一个投资成员决定放弃合作，那么成员可能普遍撤回投资资本。此外，与银行相比，ODTI筹集资金的方式更少或风险更显著，因此可能需要更高比例的资本充足率。

3. 涉及风险的原则在执行时应针对小额贷款的特定风险来专门设计

（1）为了有效实施原则7（风险管理程序），监管者不仅应具备小额信贷业务专业知识，还要为银行和ODTI的小额贷款组合等产品设计风险监管技术。由于小额信贷成长迅速，监管者需要系统跟踪ODTI和小额信贷部门中不断变化的风险并积极应对。

（2）鉴于小额信贷产品、客户端文件和贷款承销方法各自的特征，小额信贷业务的信用风险明显不同于以往的信贷风险，使用原则8（信用风险）时就要充分考虑此因素。

（3）在应用原则13（市场风险）时，监管者应特别注意ODTI外币借款的来源、风险和集合；在应用原则14（流动性风险）和原则16（银行账户利率风险）时，应考虑到小额信贷资产与资金负债的独有特点，特别是与多元化商业银行相比较的小额金融服务机构。

（4）原则15（操作风险）的设计应针对小额信贷业务中不同的风险、做法和趋势来调整，包括外包和典型的分散与劳动密集型的小额贷款方法，因为它对机构的操作风险管理和机构的内部控制（评估原则17 内部控制和审计）均有影响。

（5）监管者应采取一种基于风险的方法来执行原则18（防止利用金融服务从事犯罪活动），以协调防治犯罪和监督资源合理使用之间的矛盾；原则10（大额风险暴露限制）应根据在小额贷款机构间观察到的区域或部门聚集的风险来设计。

（6）在使用原则9（问题资产、准备金和储备金）时，监管者应调整准备金和分类要求,以便灵活处理特殊情况。金融机构应被强制做到快速而准确地认识到过去的小额应付贷款的风险。

(7) 原则11(关联方披露)的应用应适合从事小额信贷的ODTI。在小额金融机构治理薄弱的地方,监管者应加强限制或明确禁止以避免权力滥用。相反,对会员制机构向非会员提供贷款可以灵活处理。

4. 监管方式和监管技术等原则需要量身定做

(1) 原则19(监管方式)和原则20(监管技术)要求监管者必须熟知小额信贷和传统银行业务之间的差异以及小额金融机构的特性等全面知识,以建立并始终如一地使用设计好的监管工具和监管方法。监管者有权对银行和ODTI综合使用非现场监测和现场监管方法,但基于成本和可行性的考虑应该顾及可选择的监督安排,以涵盖在某些司法领域内系统性风险低的众多小型机构。

(2) 原则21(监管报告)的执行,应根据ODTI的交易类型和交易规模定做。非现场监测和现场监管的有效性、及时性、质量和成本将取决于原则21(监管报告)的执行,该原则也应根据ODTI的交易类型和交易规模量身设计,并且不能过分增加银行和ODTI从事小额金融活动的费用,以符合有效监管的目的。

(3) 原则22(会计处理和披露)需要按照披露的成本效益比进行调整。外聘审计师必须具备小额信贷服务的专业知识。监管人员和会计准则制定机构应该在适当时候进行合作,以确保会计准则的安全和稳健原则能在小额信贷服务领域贯彻下去。

(4) 为了执行原则23(监管当局的纠正和整改权力),监管人员应调整适用于商业银行和传统零售银行业务中的纠正措施,从而使其适合小额信贷服务机构监管。

专栏3 全球小贷监管经验调查

小额信贷工作组在2009年早期就开始收集小额信贷监管的现有实践信息,并建立讨论框架,讨论关于核心原则如何适用于小额信贷监管及其适用程度。

(一)调查的基本情况

调查对象为52个监管当局,包含巴塞尔委员会的成员以及大量储蓄小额信贷发生地的非成员(但并非所有重要市场均作出回应);其中,27个监管当局(包括14个委员会成员和13个非成员)对调查作出反馈,覆盖了拉丁美洲/加勒比海(8),亚洲(3),非洲(6),东欧/中亚(2),以及发达/工业化国家(8)。调查主要集中于信贷风险、资本风险、操作风险以及监管能力和监管技术等方面,调查重点是接受公众储蓄的机构,但涉及了银行、其他吸收存款机构(ODTI)和小额信贷机构(Microcredit institution,MCI)三类机构。

(二)主要的调查结果

1. 许可活动及发照(CP 2,3)

(1)小额信贷定义。59%的被调查国家报告称,本国的金融法律或者法规中有与小额信贷相关的定义;一些受访国家的小额信贷定义包含了贷款额上限、借款人最高收入或借款人资产和被用来偿还贷款的资金来源等特殊参数。

(2)机构类型与所被允许从事的业务。几乎所有被调查的国家都有ODTI,与银行相比,ODTI受到的业务限制通常更强。ODTI的执照颁发和监管适用与银行相似的准则,MCI的要求可能会简化。一些国家可能会创建一个多层次监管框架,以鼓励那些以前不受管制的小额信贷机构逐步优化管理水平,并逐步纳入到正规金融部门中。

（3）牌照发放的主要要求。所有接受调查的国家都对银行的最低初始资本提出了要求，不到1/3的被调查国家对小额信贷机构制定了最低资本要求。最低资本标准因国家不同而不同，在中低收入国家，同一种类机构（包括银行）的最低资本水平可能取决于机构的位置。例如，根据距离印度尼西亚首都雅加达和一级行政区爪哇岛和巴厘岛的远近，印度尼西亚农村银行的最低资本范围从50 000美元到504 000美元不等。

在发照过程中，所有国家的银行都需要提交一份完整的商业计划，大部分监管ODTI的司法管辖区也都要求其递交一份商业计划，很少有国家对MCI这么要求。

（4）存款保险计划。在回应"参加存款保险计划"这个问题的23个司法管辖区中，有13个区的ODTI被允许参加存款保险计划。其中，8个国家提供与银行相同的保险范围，其他5个国家提供不同的保险范围。

2. 持续监管安排和监管工具

（1）监管目标和监管者能力。针对监管方法和工具（CP 19，CP 20，CP 21，CP 22，CP 23）的调查显示，贷款给非成员或从非成员处吸收存款的合作社，以及不属于合作社的ODTI，通常由银行监管机构谨慎监管。一些受访国家还监管只贷款给成员或从成员处吸收存款的合作社。一些国家最近创建了专门的小额信贷机构监管窗口，以吸纳以前不受监管的实体或新成立的小额信贷机构。调查和辅助研究显示，管理人员应该积累小额信贷监督专业知识。另外，当不止一个机构介入监管过程时，不同小额信贷监管者之间的协调、合作以及信息共享就会出现缺陷。

(2) 监管方法。虽然所有国家的监管者都有权对银行进行现场检查,但并非都有权审查 ODTI 和 MCI。大多数抽样国家,至少许可和监管一部分 ODTI。超过 90% 的国家由银行监管机构执行对 ODTI 的许可和审慎监管;存在 ODTI 和/或小额信贷机构(MCI)的受访国家,近一半都有专门负责监督小额信贷的团队;只有 7 个被调查国家的(26%)监管当局明确允许将监管任务委托给另一个实体。

(3) 监管报告和纠正权力。与银行相比,监管者对 ODTI 和小额信贷机构(MCI)的报告要求不太严格。抽样中的所有监管者都要求银行提供财务报表(资产负债表和损益表),而只有 21 个国家的监管机构(在 24 个有 ODTI 的国家中)要求 ODTI 提供财务报表,要求小额信贷机构(MCI)提供财务报表的就更少。大多数监管者称有权对银行和 ODTI 采用纠正和补救措施,最常见的是对不遵守审慎规则的机构处以罚金;对小额信贷机构(MCI)的纠正和补救权力不太明显。

3. 风险管理

(1) 风险管理流程(CP 7)。接受调查的大多数国家的监管者要求银行和 ODTI 建立风险管理流程(CP 7),但与银行相比,ODTI 的限制往往较少,重点是风险管理、信用管理、市场管理和业务操作风险。

(2) 信用风险(CP 8, 9, 10)。根据现有文献材料,小额贷款欺诈(例如虚设借款人和还款的不正当挪用)主要是通过分散借贷方式产生,并且发生在贷款负责人层面。大多数国家要求被监管的 ODTI 和银行在批准新贷款或贷款延期以及再融资时采用并保持相应政策和程序,以防止信用风险。在小额信贷执行特别规定的地方,准备金提取通常早于传统零售贷款;贷款将更快地被纳入更高风险级别,而且更早过期。

(3) 关联方交易（CP11）和防止利用金融服务从事犯罪活动（CP18）。被调查国家或地区的监管部门允许银行从事更多的关联方交易，大部分监管 ODTI 的国家限制其对关联方的披露，要求银行披露关联方信息的规章也多于要求 ODTI 和 MCI 披露关联方信息的规章。与银行相比，ODTI 和 MCI 更少以反洗钱和反恐融资（AML/CFT）作为监管准则，只有30%的调查对象（大多数为中等收入国家）称已经采用了规范的 AML/CFT 风险评估方法来识别确定低风险操作。

(4) 市场，流动性和利率风险（CP 13，14，16）。大部分受访者要求银行对市场风险进行风险管理，有约一半的受访者要求 ODTI 做到这一点。许多被调查国家对银行和 ODTI 使用相同的流动性风险管理规定。大多数监管者要求其监管的 ODTI 制订一项流动性管理计划，还要求意外性开支计划用以处理流动性缺失，并且设定与外国货币错配的现金流大小的限制，同时实行定期检查。在对调查作出的回应中，大多数国家要求银行控制利率风险管理过程，但较少国家要求 ODTI 做到这一点。

(5) 操作风险，内部控制和审计（CP 15，17）。除一个国家之外，所有被调查国家都表示要求银行拥有风险管理政策和程序，以识别、监管操作风险；相同的规则适用于64%的 ODTI 受监管的被调查国家，只有一个国家表明拥有专门的处理小额信贷机构操作风险的规则。

4. 资本充足率（CP 6）

大多数被抽样国家的银行和 ODTI 的监管资本是通过巴塞尔标准来定义的。受访者对 ODTI 的资本充足率的要求往往高于银行。考虑到金融合作组织中成员的份额，一些监管机构对份额的赎回作出限制，或者将资本份额的变动部分从监管资本的定义中排除。

（二）微型金融机构的经营与治理

微型金融机构的经营与治理是维持机构健康稳定发展的保障，监管者通常对此设定一系列的要求和标准，确保其稳健经营。

1. 业务活动范围。监管者通常对微型金融机构的业务范围设定许可，某些机构只能从事贷款及存款业务，其他机构可获准提供汇款或外币兑换服务。微型金融机构业务范围不同，审慎监管标准可能也不同，包括特定的资本和流动性规则。有时候监管者可能通过定义和限制微型信贷的概念来限制机构的活动范围，比如单笔贷款规模必须在一定金额以下，或者此种贷款占比应达到一定比例等。

许多微型金融机构经营时间较短，其管理人员可能缺乏足够的经验来管理全方位银行活动和风险，其业务范围就会受到一定的限制。只有那些管理能力较强和经验丰富的机构才能获准从事复杂的经营活动，例如设施完善的存款类微型金融机构完全可以代理小额保险服务，却不一定可以自己承销发行保险。

2. 机构治理要求。完善的机构治理结构是微型金融机构正常运行的保证，正如巴塞尔核心规则所强调的，"健全的公司治理可以巩固有效的风险管理和公众对单个银行及银行体系的信心"。所有者缺位是NGO的历史问题，NGO微型金融机构也面临同样的问题，这会导致缺乏有效的管理机制。对于微型金融机构来讲，明确所有权，确定董事会的领导地位是必不可少的，管理层需要接受董事会的监督。此外，微型金融机构的管理层应该具备一定的资质，具备金融和银行从业经验，同时对客户比较了解。当然，最好有董事会的成员也对客户和金融服务产品有较深的了解。

3. 贷款文件要求。贷款文件是记载双方权利义务的契约，也是流程规范性的表现。小额贷款业务比较简单，没有抵押评估登记，没有借款人业务的正式财务报表，没有营业正式注册或符合纳税义务的证明。因此，与对传统银行的要求相比，小额贷款文件的要求通常比较简单，但至少应包含以下内容：一是贷款申请；二是客户的 ID（或可接受替代文件的副本）；三是贷款评估（至少对个人贷款，评估应该包括家庭现金流的分析）；四是客户在微型金融机构之前还款表现的信息；五是信用报告；六是相关委员会或管理者进行贷款审批；七是执行的说明；八是分期偿还时间表；等等。

当微型金融机构对同一客户做重复短期贷款时，对每次贷款没有必要重复进行现金流分析和信贷报告，应当根据之前书面文件的政策来执行，而不是靠临时决定。

4. 分支机构的要求。分支机构的延伸可以拓展微型金融机构的业务范围，但是分支机构的设立需要高昂的成本。传统银行通常不愿意服务居住在偏远和人口稀少地区的客户，而且银行的营业时间和分支机构的分布也无法提供有效的服务，比如客户可能下班后才有时间去银行，但银行可能此时已停止营业，有时候银行出于成本的考虑要求工作人员轮流去每周营业一两天的分支机构。微型金融机构在这方面可以部分填补银行的空白，但分支机构运行成本过高同样制约着微型金融服务的扩展。为了提高金融覆盖面，一些国家已经修订了设置分支机构的要求，微型金融机构可以设置不同类型的分支机构，比如成为银行代理等，或者提供非网点业务。

5. 定期报告制度。定期向监管机构报告是确保微型金融有效监管的重要部分。报告的频率和内容必须确保监管者可以对存款类微型金融机构的经营活动进行有效的监管和分析。但是，监管者也应该考虑到微型金融机构自身的状况，有些对于传统商业银行的要求可能在此并不适用。向监管者汇报会大大增加管理成本，对那些专门从事小额交易的机构来说更是如此。此外，一些要求可能并不可行，比如，微型金融机构地处偏远，交通和通讯设施不完善，要求每天进行汇报就不太现实。考虑到这些情况，存款类微型金融机构和小额信贷项目的汇报要求比零售银行业务要简单些。然而，它们必须包括定期财务报告、外部和内部审计报告、资产组合质量信息、杠杆率、运行成本、资金结构、资金流动性、外汇风险、利率重定价缺口。

（三）风险控制措施

金融机构主要是靠经营风险来获取利润，可以说其风险管理水平决定了经营成败，对微型金融机构来说尤其如此。微型金融机构面临的对象是低收入人群，缺乏有效抵押，且风险具有传染性，因此风险管理尤其重要。监管者为了微型金融机构的稳健经营，制定了一系列风险控制措施和要求，其中应该考虑到微型金融机构业务与传统商业银行的区别。

1. 无抵押贷款限额及贷款损失准备金。抵押是贷款安全的重要保证，监管者往往要求银行把非抵押借款限定在一定比例内，然而对于微型金融机构来讲却并不适合，因为小额贷款主要靠集体担保而不是抵押。从实际情况来看，微型金融机构的贷款组合虽然没有传统抵押品，但普遍表现良好。如果将小额贷款规模限定在机构资本一定比例内，由于微型金融机构的客户普遍缺乏抵押品，使得小额信贷的吸引力大大降低，会使微型金融机构难以发放小额贷款。虽然目前小额贷款方式运行良好并不意味着未来不会恶化，但必须承认无抵押的小额贷款方法也能有效地降低信贷风险。

银行监管者通常会要求银行对无抵押贷款计提较高的贷款损失拨备，即使没有发生拖欠。这一要求明显不符合小额信贷的实际，将会对微型金融机构的资金造成较大的占用。即便微型金融机构在贷款收回之后恢复拨备资本，计提拨备所产生的费用也会对微型金融机构造成较大的影响。为了解决这个问题，一些监管机构把担保，特别是小组联保视为抵押品。然而，小组联保并没有通常想象的那么有效。许多微型金融机构发放以组为单位的贷款，但没有要求担保，或者要求担保但没有强制实施。根据学者 Gine 和 Karlan（2010）对菲律宾小额信贷的研究，将小组贷款变为个人贷款并没有对还款率造成太大的影响。从实际的运作情况来看，保证小额信贷安全的最强大的资源往往不是小组担保的应用，而是贷款实力、跟踪和收回机制、机构承诺的信誉以及偿还者在将来能获取他们想要的服务。还有一个更简单也被历史经验论证的解决方法，就是放弃对非抵押贷款的股权限制和过高的拨备要求，因为过高的拨备要求实际上有可能是禁止性的要求。如果微型金融机构在发放贷款时能够充分考虑市场状况和风险，那么此类非抵押贷款的拨备要求应该和银行正常的抵押贷款拨备要求相同。

然而，也不能忽视微型金融机构无抵押贷款的潜在风险。一旦小额贷款发生拖欠，借款者的还款意愿和能力会遭到怀疑。起初借款者和微型金融机构之间会达成一种默契，即按时还款带来未来的服务，此时这种默契可能会被打破。期限较短、还款频率较高的贷款损失的可能性更大，例如发生 60 天的拖欠，每周还款的三个月无抵押小额贷款比每月还款以房产为抵押的两年期贷款显示了更高的损失可能性。通常小额贷款没有足够的抵押品，拖欠小额贷款的计提拨备进度要快于拖欠银行抵押贷款进度。因此，监管者在制定无抵押小额贷款拨备条款的时候也应考虑到这一风险情况。

2. 流动性和外汇风险。存款类微型金融机构需要准备一定的资金用来应对日常存款的支取，确保存款业务的安全运转，也就是需要满足流动性要求。出于支持微型金融发展的考虑，一些国家监管机构对微型金融流动性要求比其他存款类机构要宽松得多，这使得微型金融机构运营更加容易。然而，流动性要求过低可能会引起偿付困难。通过对比银行和微型金融机构的运行特点，有观点认为微型金融机构需要比银行更多而不是更少的流动性。面对流动性不足问题，银行可以暂停一段时间的贷款，以节省现金，随着贷款的偿还将会改善流动性。但微型金融机构却无法通过暂停贷款改善流动性，因为借款者默认按时还款会获得继续服务的奖励，而暂停贷款必然会损害借款人的还款动机。还有另外一个重要因素是当发生流动性紧缺时，商业银行可以从中央银行获取紧急流动性，或获取来自市场的流动性，而微型金融机构缺乏"最后贷款人"的支持。从这个角度来看，对存款类微型金融机构设定更高的流动性要求可能是更加合理的。

  除了流动性风险外，外汇风险也需要引起监管机构的足够重视。随着微型金融机构的成熟和商业化，越来越多的微型金融机构从国外贷款者那里借款。这些债务以外币计值，但许多微型金融机构的管理者对外汇风险及管理工具并不熟悉，外汇风险处于较高水平。巴塞尔委员会2010年建议根据微型金融机构的资本和盈利状况限制其每种货币的净敞口。此外，微型金融机构进行外币借款或其他外币操作交易应该遵循合适的标准。一般来讲，微型金融机构的风险管理政策和程序应确保它不承担风险，如外汇风险这种不可控的风险。即使微型金融机构在理论上可以管理外汇风险，在许多发展中国家也没有机会做对冲。在这种情况下，微型金融机构经常用外币开展小额贷款业务，或者将它们的小额贷款与汇率挂钩，由借款人承担风险，从客户福利角度看，这可能不是令人满意的解决办法。从监管角度来看，对外币借款进行适度的比例限制是必要的。

  3. 担保人借款的限制。在商业银行贷款中，监管者有时会禁止银行给在本行有贷款担保关系的人进行贷款，主要是为了防止关联风险违约，担心互相担保失效。但在微型金融机构监管中，这一限制应该适当放松。小额贷款普遍缺乏抵押物，通常以小组联保的方式进行担保，小组成员对其他成员的贷款都具有连带责任，如果限制他们进一步贷款，则会阻碍贷款业务的开展。因此从小额贷款的实际操作来看，这一规定应该放松。

4. 内部人贷款。内部人贷款很容易出现道德风险，监管机构往往限制银行向内部人（如董事会和管理层）及其他关联方贷款的额度，因为这类贷款可能会导致利益冲突：一项慷慨的借款有利于内部借款人，但整体上不利于银行。由于服务于贫困人群，对NGO微型金融机构和其他信贷机构的监管相对较松，但这是不合理的，除非少量的员工福利贷款。当然，金融合作社是一个例外，会员加入合作社的目的就是获得贷款服务，如果内部人不能贷款的话，估计没有人愿意成为管理层或董事会的成员。

虽然微型金融机构是服务贫困人群，但内部贷款人经常出现问题。如果非要允许内部人贷款的话，就应该制定防止利益冲突的条款，比如设计管理层成员自身的贷款决定时应该进行回避。这些防止利益冲突要求同样对金融合作社适用，因为存在内部人贷款滥用的问题。在有些情况下，内部人利用贷款购买机构的股权就会产生明显的利益冲突，很多国家都明确禁止这种借款，即使允许也需要满足一定的条件。总体来讲，内部人借款容易带来利益冲突，微型金融机构就应该遵循和银行一样的监管要求。

5. 存款准备金。存款准备金制度是一个有用的货币政策工具，用于调节货币供应量和控制风险，但也会增加机构的成本，因为存款是需要付利息的，如果部分存款无法放贷，机构需要自己承担这部分成本。存款准备金通常没有利息，即使有也比较低，通过提高存款准备金率会影响微型金融机构的盈利，有可能会挤出小额储蓄者，因为小额储蓄的相对成本更高。由于存款类微型金融机构的存款主要以小额存款为主，监管机构在制定微型金融机构存款准备金率的时候应该充分考虑这个因素，避免对机构正常业务造成较大的影响。

三、存款类微型金融机构的监管工具

设定微型金融机构监管标准后需要有合适的监管工具来确保监管目标的实现，由于微型金融机构自身业务的特殊性，许多用于银行监管的检查工具和技术手段可能并不适用于微型金融机构，需要对监管工具进行适当修改或者创造新的工具。

（一）小额信贷监管

信贷业务的监管是监管者的主要工作内容，银行监管者在这方面积累了较多的经验，但是传统的审计和检查流程无法有效保证小额信贷组合的质量，贷款档案文件也无法反映出微型金融机构的主要风险。由于客户为大量分散的低收入人群，通过寄送确认函核查账户余额通常是不切实际的，尤其是客户文化程度较低时更是如此。对商业银行的大量贷款资产来说，检查者通常可以选取几笔最大金额的贷款进行核查，并对剩余贷款进行抽样核查，样本数量也较少，检查成本相对较小；然而小额贷款存在量大金额小的特点，核查则需要对几千笔小额贷款进行抽查，样本数量非常庞大，这对监管者来说几乎是不可能的。

因此在监管小额贷款时要区别于传统商业银行，监管者主要仔细检查微型金融机构的系统和政策，涉及放款、催收、信贷风险管理、内部控制等方面，还要对资产组合的实际情况进行细致核查，通过确保流程的合理性来确保贷款的安全性。对于监管者而言，核查分析过程需要小额信贷管理和运营的相关知识，同时还需具备丰富的分析和判断技巧。在此过程中，具备专业性的技能和知识是监管成功的关键，然而由于监管者往往对小额信贷缺乏了解，反而会觉得小额信贷没有什么可以值得培训的，因而需要对监管者加强小额信贷知识的培训，让监管者充分了解小额信贷的运行特点和风险特点，从而引起足够的重视。

(二) 停止贷款

停止贷款是监管者强制纠偏的一种手段，具有较强的约束力。当银行陷入困境时，比如资产状况恶化，流动性紧张，监管者有时会发出止贷命令，一直持续至其问题得到解决，以此确保银行不再承担更多的信贷风险。停止贷款措施对商业银行有效，对微型金融机构未必有用。商业银行的贷款通常是抵押性贷款，其大部分客户在还清现有贷款后并不期望会有自动的后续贷款，因此商业银行暂停一段时期的新贷款后，其收回现有贷款的能力可能不会削弱。而且即使贷款无法归还，通过处理抵押物也可以全部或部分收回贷款，从而促进问题的解决。然而微型金融机构监管时可能无法应用这种措施，因为微型金融机构的后续贷款业务很普遍，客户的还款通常以继续获得贷款为前提。当微型金融机构长时间停止发放循环贷款时，其客户原本偿还贷款的动力将减弱，即他们对未来需要时能够获得及时贷款的信心丧失。当微型金融机构停止贷款，众多借款者则会停止偿还贷款，这使得止贷命令对微型金融机构产生负面影响，或者至少对其仍存有收回可能的非抵押资产组合来说是有负面作用的。因此，对监管者来讲，止贷命令只能是一种备选措施，在迫不得已时才可以使用。

(三) 资本金

资本金可以吸收损失，是抵抗风险的最后保障。当微型金融机构陷入困境时，监管者通常要求其补充资本金。然而微型金融机构补充资本金比较困难，如 NGO 微型金融机构的资金主要来自捐赠或者借款等，没有足够的流动资本来补充资本金。以追求发展为目标的投资者通常有足够的资金，但其资金批准和分配却有可能经历长期的内部流程，同时当危机发生时其额外承担风险的意愿也降低，不大愿意继续增加资本。因此，当被监管的微型金融机构存在的问题浮出水面时，一些股东可能无法对补充资本金要求作出及时反应。从这个角度来看，这种措施在发生紧急问题时可能无法发挥作用，因此应当促进微型金融机构的商业化进程，拓宽其资本补充渠道，才能更好地抵御风险。

（四）资产出售或合并

当前述所有方法不能奏效时，机构可能需要通过出售资产来获取资金，这是获得流动性的最后办法。商业银行破产时，其抵押贷款资产通过转移至经营稳健的银行，或者对破产银行进行合并和收购后通常能够存续。微型金融机构可能无法出现这种情况，因为与其客户的密切联系可能意味着其贷款资产如果移交至另一机构则将几乎不具有价值，资产出售存在一定的困难。至于合并，由于微型金融机构具有较强的区域性，其他微型金融机构对其进行合并的意愿可能不高。

（五）存款保险制度

存款保险制度目前在发达国家得到广泛应用，主要是为了保护存款者的利益，在建设稳健银行体系、减少系统性风险以及降低风险成本方面，存款保险与银行监督管理同为常用机制之一。如果一国要求其商业银行参与存款保险机制，则对存款类微型金融机构实施审慎监管的国家也可能会考虑实施同样的要求。对机构发展健全的国家来说，存款保险制度有助于金融系统的稳定，有利于保护大多数存款者的利益并促进银行破产问题的有序解决。公开的存款保险制度不仅有助于金融系统的稳定，还有利于防止政府隐性担保的滥用。相较于政府隐性担保，公开或者正式的存款保险制度有两个方面的优势：强化对存款者的保护责任，限制银行破产时政府的责任。

在大多数国家，审慎监管制度下的商业银行必须参与存款保险机制，但对于微型金融机构却有些区别。有些国家不要求微型金融机构参加存款保险，有些国家的金融合作社和存款类微型金融机构只要其服从于有效的审慎监管，也被鼓励或者要求加入存款保险机制。然而，在建立存款保险制度时还要解决一些问题，资金来源问题是关键。在存款保险制度的统一性方面，普遍认为统一的存款保险体系使得对存款者的保护更加协调，也有助于机构间的公平竞争。但是一些国家对非银行存款机构的监管与银行机构不同，其各自的存款保险制度也有所不同。

通过以上分析可以看出，一些监管工具对于小额信贷的作用效果不好，但这并不一定意味着微型金融机构不能被有效监管。但是，监管者应考虑到这种情况的存在，进而决定颁发新经营许可的数量、微型金融机构的转型需满足的历史业绩标准、资本充足率等审慎标准，同时在监管上尽量将监管前移保证微型金融机构的稳健经营，减少问题出现的概率。

四、NGO向许可中介机构的转变

NGO微型金融机构在微型金融行业的发展过程中发挥了较为重要的作用，但一直面临资金不足的困难。起初的资金主要靠捐赠等途径，通常以非营利性组织的形式启动。但是随着机构的发展与扩大规模的需要，会产生吸收公共存款的需求，从而向存款类微型金融机构转变。非营利性微型金融机构转型为银行或其他营利性存款类机构有不同的方式，最常见的是非营利性机构将其全部或部分贷款、其他资产、负债以及员工转移至一个新的或之前存在的公司，持有该公司股权，或者是以现金或债券的形式获得收益。但是，转型并不是容易的事情，经常需要面临制度障碍。对监管者来讲，NGO 转型是有利于微型金融行业发展的，因此监管者或许需考虑放松部分监管，暂时或者永久调整审慎监管要求。

（一）所有权适用性及多样化要求

在转型过程中，NGO 微型金融机构希望能够继续保持控制权，即在新公司中拥有多数的所有者权益，但是商业化的机构会对所有者的资质和多样性有一定要求，可能会阻碍 NGO 控制权的获取。例如，监管者是否同意 NGO 控制新成立的公司，取决于 NGO 是否可以在需要补充资本金时有足够的资金可以利用。然而，一旦新成立的微型金融机构遇到困境，NGO 通常没有能力在短期内筹集到足够的现金，也就无法保证新成立机构的有效运转。为使转型过程能够进行下去，监管部门不得不进行一定妥协，对监管要求进行适当放松。在某些情况下，甚至在对 NGO 这一特殊机构的金融机构身份认定进行了永久性的政策放松与调整。

审慎监管者通常明确限定存款类机构所有者的最低数量，以及每个所有者所持股份的最高比例。假设能够持有的最高股份比例是 20%，那么 NGO 要想转型，必须至少另外寻找 4 个共同所有者。这会导致 NGO 在获得新公司控制权的谈判上处于劣势。因此，在 NGO 转型过程中，股东多样性要求也已经在一些地方至少是暂时性地进行了放松。当然，是否应该放松取决于机构的不同情况，包括所有权要求的目标，这些目标是否能够通过别的方式得到实现，以及 NGO 与其他所有者的差异性，可以由监管者灵活把握。

所有权限制还会给 NGO 从事小额信贷的社会使命带来问题，特别是如果监管者要求 NGO 退出控制地位，新成立的机构是否会坚持原来的目标定位就会存在疑问。在转型过程中，NGO 不太容易找到同样具有社会使命的投资者，如果失去控制权，机构的普惠性就会受到影响。NGO 是否应继续控制或影响机构活动，取决于当地的社会环境和政策，需要进行具体分析。

（二）对董事会和管理层的要求

转型对于 NGO 的管理层来说也是一个考验，因为存款类微型金融机构的运作模式与 NGO 不同。为确保稳健经营，监管者通常要求金融机构董事会成员和高级管理人员应具有金融从业经验。但是，这样将会对只在从事贷款业务的 NGO 工作过的管理人员带来问题。在新机构从事存款类业务之前，这一要求可以暂时放松，以此减少转型过程中面临的阻碍，促进转型顺利进行。比如可以规定至少一定比例的监管层具有银行从业经验，而不要求所有的监管层都必须具备，同时监管机构组织对管理层进行培训或者考试也可以。

（三）贷款作为部分原始最低资本

在 NGO 转型过程中，一些国家规定，禁止将贷款资产作为股权来满足最低资本要求，这对 NGO 的转型造成了较大障碍，因为 NGO 的主要资产就是贷款，缺乏额外的流动资本。另外一些国家虽然没有这样的限制，但要求必须是优质贷款。虽然对优质贷款资产作为资本的比例没有作出限制，但是非现金资本的占比需要独立专家进行评估。

有一个变通的方法，对该机构发放一个临时银行业从业执照，允许其从事贷款（也可以包括一些其他限制性的业务），但不能吸收存款。在临时期内，NGO 将其原有贷款的现金收益作为新公司的股本。在操作流程上，原来的客户首先将贷款归还给 NGO，再从新公司获得贷款。当现金在资本中的占比达到要求后，监管者再对其发放正式许可，允许其吸收存款。这一方式有效地将 NGO 原来的贷款资产转变成新公司的资本，同时，避免了由新公司承担原来贷款的风险，也不需要对原来的贷款资产进行估值。

五、合作金融组织的监管

（一）金融合作社监管

许多国家的金融合作社根据所在地的一般法律获得经营许可，并由负责监管各种类型合作机构的部门对其进行监管。这些监管机构负责进行审慎监管，确保存款的安全性。然而，它们缺少相关的资源、专业性以及独立性，监管目标可能无法得到充分实现。在一些国家，合作社监管机构与其所监管的合作社在政治上并非相互独立，内部的利益关系更加复杂，很难保证监管机构公正地执行审慎标准，很可能为了规模而放松监管。

金融合作社的贷款资金主要来源于其会员的存款和储蓄，因此有人认为合作社对社会公众的存款不会造成风险，因此不需要审慎性的监管。实际上，会员间的联系具有地域性的特点，其他人只要交纳一定份额的资金就可以入社，因此会员与公众并没有本质区别。非会员很容易就能加入其中，交纳会员份额后即形成存款。实际上从吸收存款的角度上，此类合作社与银行并无不同。合作社会员拥有选举董事会的权利，却很少有兴趣花费时间去关注如何维持合作社的金融环境，只是关心自己从合作社的贷款问题。因此，除了非常小的机构，合作社的会员与传统零售银行的存款者相比，并不能更好地监督合作社的管理层。实际上，许多国家均出现过管理不善造成金融合作社破产的事情，比如中国 20 世纪 90 年代的基金会被清理就是由于这个问题。因此，金融合作社仅为其会员提供服务并不意味着不需要审慎性的监管。

各国对金融合作社的监管方式有所不同。有的成立单独的金融监管机构，有的在银行监管机构内部设立单独的部门对金融合作社进行监管，也有的银行监管机构可能将监管权委托给一个独立的机构（通常是合作社的联盟组织）履行。在委托监管的情况下，政府监管机构将对该联盟组织实施监管，并具有强制执行权力。联盟组织也将根据政府监管机构设定的审慎监管规定对其成员实施监管。此类联盟组织至少应该具有独立的审计部门、管理信息系统、统一的数据及流程。为解决监管问题，国家有可能要求合作社组成联盟，但如果所涉及的机构缺乏动力参与，而且初期阶段时间和资金投资过大的话，这种方式将很难奏效。

总而言之，虽然在监管方面存在一定的困难，但金融合作社，至少比较大的合作社需要进行审慎监管才能确保会员的利益安全。

（二）小型会员制中介监管

金融合作社属于会员制中介，但还有很多的小型会员制中介没有正规的登记和管理。这些会员制的存款类中介规模非常小，有些地理位置非常偏远，导致没有机构能够对其实施有效监管。这对监管者来说是一个现实问题。这些不受审慎监管的机构应允许其继续运营吗？或者施行最低资本以及其他限制从而关停这些机构？

监管存在一定争议，一些监管者主张对所有的机构实施监管，他们认为不受监管的机构存在风险，因此不能允许小额会员制中介吸收小额存款者的积蓄，而且小型客户和较为贫穷的客户应受到与大型、富裕客户一样的保护。但是这种分析过于简单，没有考虑穷人是否还有其他可选择的储蓄方式。与富人相比，穷人更为频繁地储蓄，存取款数额占其收入比例更大。如果没有正式的存款账户，他们可能将其现金放在床垫下，用于饲养家畜，购买建筑材料，加入非正式的储蓄信贷俱乐部,或者将其钱款存放于邻居或亲戚那里。所有这些方式都存在风险,而且相对于小型非监管中介的正式账户来说风险更大。关停当地机构会迫使其采用更为不妥的储蓄方式,而这有可能会提高而不是降低当地储蓄者的风险。

为实施有效监管,一些国家的监管者鼓励或者要求多个会员制中介进行合并扩大规模,从而能够实施成本较低的直接监管。或者将其组成联盟,由联盟根据监管者设定的审慎规则对其成员实施监管。但是对小型会员制中介进行合并,或者即使组成联盟也会存在困难,因为不同机构的运营、距离、不同的文化和历史以及管理层的既得利益等都会带来实际经济问题。如前所述,委托监管的作用效果也不确定,有可能并不会显著降低监管成本。

其他政策制定者寻求一种折中的方案,给予小型中介机构一定程度的许可来吸收存款,不对其实施审慎监管。但是这存在误导风险,如果吸收存款的机构出示政府的许可文件,许多存款者即会认为政府会对其存款进行监管,而实际上政府并没有这么做。因此,如果监管者不能够满足这种要求,则最好不要使存款者产生这种希望。有观点认为,如果允许非常小型的中介吸收存款而不受审慎监管,应该明确告知它的客户,由客户自己进行风险评价。

第四部分　非存款类微型金融机构的监管

非存款类微型金融机构，顾名思义，是指不吸收公众存款而发放贷款的机构，其资金来源包括自有资金、金融机构贷款、发行债券和股票等。最近几十年来，非存款类微型金融机构大量涌现，提供了广泛的金融中介服务，有效填补了存款类金融机构的服务空隙，已成为各国金融系统的重要组成部分。与之相适应，各国对该类机构的监管也越来越重视。

对非存款类微型金融机构的监管，有些国家是由中央银行负责，有些国家是由专门的银行业管理部门负责，还有些国家是由政府其他部门负责。如美国对非存款类金融机构的监管由各个州负责，几乎每个州都有针对非存款类放贷机构的法律，大部分州由银行业监管部门负责监管，但也有的州监管部门为州务卿办公室、企业登记部门，有的甚至是检察总长。在中国香港，放债机构（贷款大都是针对个人的小额贷款）必须要领取放债人牌照，牌照管理由政府公司注册处负责。由于放债属于特殊行业，注册处会转到警务处查背景，警方对牌照的发放起着决定性作用。注册处处长或警司级及其以上警务人员，合理地怀疑某放债人违反《放债人条例》所列罪行时，可进入放债人营业场所，要求出示及查阅该放债人的牌照、账目及文件等相关资料。印度政府允许本国与国外投资者成立不能吸收存款的非银行金融公司，开展所有种类的贷款业务，成立非银行金融公司需要向印度储备银行（即印度中央银行）提出申请。

与存款类微型金融机构不同，非存款类微型金融机构不向非特定对象吸收存款，一般不会出现系统性风险，也不会倒逼公共资源（如向作为最后贷款人的中央银行申请再贷款），不会对社会稳定造成严重影响。因此，对这类机构，大部分国家和地区采用的都是非审慎监管原则，不需要监管机构的财务稳健性，监管更加简单、成本更小。当然，相对于审慎监管，非审慎监管较为宽松，但并不等于不监管。

对非存款类微型金融机构的非审慎监管重点主要侧重于两个方面：一是保护消费者权益，在金融消费中，相对于金融机构，消费者处于相对弱势地位，金融机构在业务操作中可能会存在过度放贷、不正当催收、误导消费者、利率过高、歧视性政策等行为，侵害金融消费者权益。因此，保护金融消费者正当权益不受侵害是对非存款类微型金融监管机构监管的首要目标。二是防止金融犯罪，金融部门的犯罪，如洗钱、恐怖融资等活动，交易复杂、隐蔽性高，不易被发现，监管需要预防这些犯罪行为的发生。

非审慎监管成本相对较小，但并不是免费的，也需要调动一定的监管资源。当监管成本过高，服务提供者或客户无利可图时，将会导致微型金融服务的供给或者需求出现不足，业务量萎缩，背离金融监管改善和优化金融服务的目的。因此，同审慎监管一样，政策制定者在设计非审慎监管的原则时，必须要注意平衡期望效益与监管成本，切实注重节省监管成本，寻求较低成本的监管措施达到政策目标。为此，必须要深思熟虑，选择最合适的机构作为非审慎监管的监管主体，此外，当不止一个机构对非存款类微型金融机构都负有监管职责时，必须要建立有效的沟通和协调机制，避免重复监管、过度监管等监管行为导致监管成本过高。

一、非存款类微型金融机构的监管工具

对于非存款类微型金融机构的非审慎监管工具众多,如市场准入、报告制度、机构透明性要求、资本结构限制等,根据金融机构类型、发展阶段、规模等不同特点,可选择性地采取不同监管工具,以期达到监管成本和收益的最佳结合点。

(一)市场准入

市场准入是最重要的非审慎监管工具之一,也是最为常用的监管工具。实际上,由于法律体系不同,对市场准入的要求也存在较大差异。在有些法律体系中,只要法律没有明确禁止的行为即是合法行为,因此在这些国家,只要法律无明确的禁止性规定,任何组织,包括非政府组织及其他未进行放贷登记的机构,都可以自由开展放贷业务,无须任何形式的授权或许可。但在其他法律体系中,经营放贷业务并非完全自由,如在某些国家,除非制定了专门法律,否则对是否可以放贷的规定并不明确,尤其是对于非政府组织是否可以放贷的规定更是模糊不清。另外,一些国家则对放贷行为进行严格限制,只有经过批准和授权的机构才可以开展贷款活动,其他任何机构,即使是不开展存款业务的机构,都不能开展贷款业务。对于这些国家,提高贫困人群信贷可得性的简单有效的方法是授权包括非政府组织和商业性机构在内的非存款类机构开展贷款业务。由于这些机构不吸收存款,不会影响社会公众存款安全,形成系统性金融风险的可能性也比较小,因此,对这些机构不必采取审慎监管措施。

在非审慎监管原则下,对小额信贷经营的许可申请手续应尽可

能简化，只需到公共注册中心履行简单的注册手续即可。与存款类金融机构营业执照申请必须要提供运营规划、风险管理政策、审计计划、应急预案、高管人员信息等大量资料不同，履行注册手续所需提供的仅是责任主体、主要负责人情况等简单信息。此外，为使非政府组织具备贷款人资格，可能需要对非政府组织的部分法律法规予以修正。需要引起注意的是，有些国家会设置最低注册资本或其他准入壁垒，以限制非存款类微型金融机构数量。采取这些措施时，必须要充分考虑行业竞争性、消费者权益保护、公平竞争等因素。

（二）报告制度及机构透明性要求

无论是审慎监管还是非审慎监管，建立报告制度，提高机构透明度都是基本的监管工具。非存款类金融机构的非审慎性报告一般包括两个方面的内容：一是机构基本情况（如企业地址、法律地位、资本结构、高管和董事会等）变更信息，此类信息如无变更不必报告；二是公司经营情况（如财务报表、资产规模、资产质量等）以及所提供的产品的特征、条款、成本等信息，此类信息一般需要定期报告。

根据这些报告，可以达到四个目的：一是开展"市场侦察"，帮助金融监管当局了解市场上已存在但尚未进行监管的行为；二是提高市场透明性、竞争性和保护消费者权益；三是开展反洗钱与防止恐怖融资活动；四是提供数据支撑，方便微型金融机构管理者和其他利益相关者对该机构及市场上同行业机构经营情况进行比较。

需要注意的是，实现上述非审慎监管目的，并不需要金融机构如同审慎监管下的金融机构那样提供繁杂的报告，报告内容和报告频率应该根据政府特定管理目的进行调整，且内容要更加简单明了。此外，为降低被监管机构工作量和监管成本，这些报告的内容应尽可能与其他监管机构（如非政府组织监管机构）的要求相统一。

（三）信用报告系统

金融监管机构通常会建立并发展公共信用登记机构，由于这类机构通常是根据国家政策建立，因而一般情况下并不需要特定的法律或监管授权。但是对于私营信用信息市场而言，情况有所不同，其发展通常要受到国家法律政策调整的影响，譬如私人信用机构会面临保密问题。在很多情况下，私人信用机构面临的这些问题通过标准的贷款协议处理，即借款方授权贷款方获取其信用报告并与信用机构分享这些信息。

与公共信用登记机构相比，私人信用机构更具有优势。这是因为私人信用机构倾向于拓展更多的数据收集渠道，如公用事业公司及零售商等机构，收集的信息不仅包括负面信息，也包括正面信息，同时更倾向于使用现代信息技术，有时还能提供信用评估之类的增值服务。但是，对于应用传统经营方式和数据收集方式的大型信用服务机构而言，收集微型金融相关数据并在其报告中体现面临较大的障碍。这是因为微型金融业务数据量十分庞大，而且微型金融机构很可能没有信息系统或者其数据需要进行进一步处理以适应征信机构数据库要求。有些微型金融客户甚至缺乏录入征信机构数据库所必需的身份证明文件，这使得征信机构对微型金融客户数据的处理成本比较高，因而不愿意收集这些数据。对于微型金融机构而言，如果征信机构数据库中缺乏微型金融客户信贷信息，那么其数据库对微型金融机构而言是没有任何作用的。因此，为了弥补这方面的不足，私人信用机构必须要收集微型金融客户其他相关支付信息，如从公用事业公司或零售商收集客户偿还欠款情况。在有些国家，由于微型金融机构不受银行保密或其他数据隐私规则的制约，成立专门针对微型金融的私人信用机构可能具有成本及信息搜集优势。

但在其他条件相同的情况下,征信机构搜集的信息越全面,对于微型金融机构及借款人越有帮助。

如果私营信用服务机构发展不充分,无法为微型金融业务提供充分支持,那么就需要政府介入。政府介入可开展三个方面的工作:一是采取措施刺激征信业发展,并降低微型金融业务的信用报告查询成本;二是引导微型金融机构自我组建信用服务机构或参与现有的信用服务机构;三是推动所有已注册的信用服务机构进行数据共享。

专栏4 小额信贷信用报告的好处和面临的挑战

对金融机构和他们的客户而言,信用报告系统有着非常重要的好处。通过收集客户的状态信息与一系列的信贷来源和其他各方定期付款,贷款人能更准确地评估风险并且成本更低。当需要关注客户信用历史或多个债务时,发放贷款的机构会对信用报告感兴趣,同时,他们允许借款人基于他们的还款记录建立"信誉担保"。如果没有一个相对全面的信用报告数据库,只有办理贷款的机构能知道借款人在本机构的还款记录;而有了全面的信用报告数据库,一个正规银行的还款记录会帮助贷款者更容易地从其他银行获得贷款。因此,通过查询信用报告,银行可以在没有实物抵押的情况下对信用报告良好的客户提供贷款。

最近几十年,在发达国家,将信用报告和统计风险评分技术相结合,大大增加了低收入群体的信贷供应。在发展中国家,也取得了重要的收获。然而,在许多最贫困的国家里,信用报告还不被接受(尤其是低收入的借款人)。在新兴市场国家,采用率和全面性也是参差不齐。

即使在有信用报告的国家里，低收入消费者也经常由于达不到最低贷款规模门槛而被排除在外（规定或因信用报告服务本身），微型金融机构也被排除在信用报告数据库之外，有的微型金融机构缺乏参与的兴趣。事实上，当微型金融机构为争夺客户而竞争时，尤其是在更饱和的市场，过度负债和不断升高的违约率与缺乏可靠的信用报告有一定的关系。

信用报告好处和风险并存。好处在于，一份全面的信用报告里应包含客户的正面信息（如期还款）和不良信息（过期不还），方便贷款机构更全面地了解一个人的信誉。信用报告也有它的风险所在：一是渎职的数据库管理人员可能会出售未经授权的第三方信息，造成信息泄露；二是信用数据库的不准确信息可能会损害借款人的利益，贻误借款人的贷款机会；三是正规的机构银行可能会很保守地对待信用报告，一经发现有任何负面数据就拒绝发放贷款，借款人获得贷款的机会减小。

在中国，近年来国家调整金融战略，鼓励和引导民间资本进入金融领域，大力发展小额贷款业务，随着小额贷款公司等中小机构的快速发展，它们对加入征信系统的需求日益迫切。2013年，人民银行总行启动小额贷款公司和融资性担保公司接入征信系统试点工作。

一、接入征信系统的积极作用

接入征信系统对两类公司的业务拓展和防范风险必将产生积极作用，一方面，接入征信系统后，两类机构对客户信用信息的查询将更便捷，能掌握到的信用信息更加全面，有利于贷款业务的快速增长；另一方面，客户在两类机构的贷款业务和担保等信息也会进入人民银行征信系统，客观上会提高两类机构客户的还款意愿，降低了其不良贷款风险发生的概率。同时，两类机构的接入也有利于扩大征信信息的采集范围，缩小企业和个人征信系统信用记录的盲区。

二、潜在的数据风险问题

由于两类机构在公司规模、经营范围、人员结构、营运水平等方面不同于其他银行类金融机构的特点，两类公司接入征信系统存在一些问题，可能出现数据风险。主要表现在两个方面：一是数据质量风险。由于两类机构缺少专业化的金融管理人才，很难有既懂业务又懂技术的人员负责征信管理工作，在数据上报过程中，可能出现错报、漏报、数据修改不及时等问题。二是信息泄露的风险。由于两类机构人员素质参差不齐，日常法律法规教育培训不够，以及人员流动性大等问题，如果管理不严，难免出现泄露企业或个人信用信息的问题，这样就加大了人民银行征信管理部门对两类机构查询及使用企业和个人信用信息管理工作的难度。

三、监管及对策

征信管理部门应该加强与地方监管机构的合作，全面了解接入机构业务现状，引导其规范内部管理，确保接入机构依法合规使用征信系统。一是严把接入关。从多个方面综合评价申请机构是否符合接入条件，确保业务发展较好、信用级别较高、管理较为规范的机构优先参与征信系统接入工作，从源头上为接入后监管工作打好基础。二是充分使用非现场监测和现场检查手段。对存在违反征信业务规则、侵犯信息主体合法权益以及其他违法行为，对违法行为严格按规定依法进行行政处罚，情节严重的，可取消其使用数据库的权限直至取消开展信贷业务的资质。

（四）所有权、管理层和资本结构的限制

微型金融机构发展中对所有权、管理层及资本结构的限制主要体现在对外资和外籍人员以及非政府组织的限制。这方面的限制性措施，可能会严重影响针对贫困人群的金融服务的改善。当前，在不少国家，外国资本及技术投入已成为微型金融业务发展的重要推动力量。因此，如果对外国投资、外国借款、雇佣外籍人员担任管理层或技术岗位等予以禁止或严格限制，那么微型金融业务发展会受到较大影响。尤其是在有些国家，微型金融业务对本国资本的吸引力不足，在这种情况下，如果再对外国资本及外籍员工予以限制，可能会严重阻碍微型金融业务的发展。而某些国家的非营利性组织法可能会阻碍非政府组织持有微型金融机构权益，尤其是在某些国家，人们根深蒂固地认为，非营利性组织的运营应完全由捐款支持，而不应通过商品或服务收益来支持。当然，与十几年前相比，这种观点已逐渐为大部分国家所抛弃，相关国家和地区应对NGO管理法律予以修正，解决非政府组织持有微型金融机构股份面临的法律障碍，并以此促进微型金融业务的发展。

（五）非政府组织改制为营利性公司

在发展中国家及转型国家，大量微型金融机构仍然是以本国非政府组织或国际非政府组织项目的方式运作。出于各种考虑，如为了吸收商业资本，为了提供非政府组织禁止提供的服务，为适应新的法律规定等，许多非政府组织微型金融机构计划改制为营利性公司。部分国家已要求非政府组织微型金融机构改制为营利性企业，以提高监管水平或优化微型金融行业结构。最常见的转换模式是，将非政府组织微型金融机构的贷款或其他资产注入到一个新的公司或已存在公司，同时其员工成为这家公司的职员，并以此来换取这家公司的股票或者直接收回现金。

非政府组织是一个没有私人权属的法律实体，其运行目的是为了社会公众利益而非出资人、经理人员或内部员工的个人利益。相比之下，营利性公司运营的目的是为其所有者盈利。为坚守使命（即服务贫困人群），大部分正在改革的非政府组织微型金融机构都希望在新的机构中占有一定股份。但需要指出的是，在维护社会责任这一目标上，非政府组织拥有所有权并不能保证不偏离初始目标，而私人投资者也不一定就做得不好。同时，非政府组织改革通常要涉及新投资者进入问题，那么谁能够成为新的投资者？新投资者拥有的所有者权益份额是多少？这些问题不仅要从改革的实效性考虑，还要考虑是否符合相关管理规定。对于政府而言，如果想要通过制定规范的操作流程以帮助非政府组织微型金融机构转变为营利性公司，那么不仅仅需要对金融监管方面的一些规定进行调整，而是需要同时对其他监管规定进行针对性的调整。尤其是在许多非政府组织法律还不是很成熟的国家，需要格外注意作为一个服务公众利益的组织，哪些行为是合适的，而哪些行为又是不合适的。譬如在某些国家，对于非政府组织是否可以向营利性公司转让其投资组合及其他资产等方面的规定并不明确；有些国家法律则明确禁止非政府组织拥有商业性公司的股份，尤其是不能对商业性公司控股；而有的国家对外资或其他资本投资金融企业有许多限制性措施。

（六）担保交易

在许多发展中国家和转型国家，要实现动产和无形资产抵押成本十分高，甚至根本不可行，某些情况下低收入人群的土地及房屋作为抵押都面临种种限制。相对于典型的微型信贷客户，担保交易监管方面的改革可能更有利于中产阶级，这是因为，微型信贷规模太小,去做抵押登记从成本上来说是不合算的。况且,即使监管规则改革,穷人的很多资产仍不适合抵押,而且高效的微型金融机构完全可以在不需要抵押的情况下顺利收回贷款。但是在有些国家,如果进行担保交易监管改革,微型金融业务规模将会进一步扩大,在这种情况下,微型金融机构将接受借款者提供的任何抵押资产,即使这些抵押品的拍卖价值远低于贷款金额,因为这毕竟提高了借款者的还款积极性,进而提高了贷款资产的安全性。

二、微型金融与微型保险问题

对于有意发展微型保险业务的保险公司而言,选择合适的分销渠道十分重要,微型金融机构可能是其比较好的选择。这是因为,微型金融机构与大量低收入客户存在紧密联系,且有现成的分销渠道(如分支机构、贷款办事处、现金处理系统等,至少也有一个简单的信息管理系统)可以有效降低交易成本。

有些微型金融机构也发行自己的保险产品,通常是纯粹的信用人寿保险。借款人购买这种保险后,如果出现借款人意外死亡事件,其剩余贷款本息将被免除。由于这类保险不需要微型金融机构偿付任何现金,投保人当然也就不会面临索赔无法偿付风险,只要投保人知道保单存在,如果借款人死亡即可不必再偿还剩余贷款本息,实际上已实现了保险索赔。因此,很多人认为纯粹的信用人寿保险应包含在贷款合同披露条款之中。由于承担损失风险的是微型金融机构(借款人损失微乎其微),因此有必要考虑将纯粹的信用人寿保险业务纳入银行业监管当局或微型金融机构监管当局的监管范围。需要注意的是,考虑纳入银行或微型金融机构监管范围的仅是纯粹的信用人寿保险,投保人唯一的权益是核销贷款余额,如果保险产品包含其他权益,如殡仪支出或其他现金支付,那么这类保险应当遵循保险监管的一般原则。

从很多国家情况来看，保险销售容易出现泛滥，因此必须要加强监管。对微型保险销售的监管措施通常有三种：一是加强保险销售人员及其保险销售参与程度的控制；二是控制保险销售中的佣金支付；三是控制保险销售流程。

（一）销售代理

通常情况下，保险监管只允许向经过登记的保险经纪人及代理商支付佣金及其他报酬，由于经纪人较少参与微型保险销售，因此本书讨论仅限于保险代理商。如果法律规定允许经济实体登记为保险代理商，那么所有的微型金融机构都应被允许登记为代理商；至于个人代理，监管法规通常设定了最低的教育和培训要求，如果考虑到微型金融机构员工实际情况，这些要求不应该设定得过高，否则，微型金融机构员工可能很难满足这些要求。而且微型保险产品设计简单，风险也较低，对代理要求低一些也是说得过去的。此外，微型金融业务技术和渠道的创新与发展为拓展微型保险业务覆盖范围提供了一个良好机遇，微型保险完全可以借助手机支付或其他非网点渠道进行销售，而针对这一变化，监管当局应进一步加强消费者保护。技术提供者，如移动网络运营商也需要进一步提高服务的稳定性，为非网点渠道销售提供稳定的技术支持。

（二）佣金

高佣金会增加客户成本，同时会刺激代理商向客户销售并不合适的保险产品，为此，许多国家对不同种类保险产品佣金水平设定上限，甚至管理佣金支付的方式（如要求在签订保险合同或缴纳保费时支付佣金等）。但佣金上限，尤其是佣金占比限制，会对微型保险的销售形成一定制约，因为微型保险额度小，即使金额很小的佣金也可能占保费的比例较高。因此，只有足够的佣金支付才能激励保险代理销售微型保险产品，贫困消费者也才能够享受到微型保险服务。此外，在监管规定执行不严格的情况下，保险公司完全可以通过支付管理费等方式规避保险代理佣金上限。基于上述因素，无论是佣金水平还是佣金结构，最优选择是由市场决定，尤其是在微型保险市场竞争比较激烈的情况下，更应发挥市场的作用。如果确实要设定保险佣金上限，必须要十分谨慎，防止保险佣金上限影响贫困人群保险服务的可得性。

（三）集体销售

对微型金融机构客户的保险销售通常采取集体销售方式，以充分发挥微型金融机构客户的集聚效应。在这种情况下，应通过评估微型金融机构客户的集体风险而非单个客户风险来确定保费。在某些国家，法律规定只允许向关系比较亲密的集体成员开展集体销售（如某特定公司全体员工等），对于自由组合的开放式集体禁止开展集体销售，因为这种集体可能仅仅是出于购买保险目的而结合在一起，相互之间风险差异性较大。但是，对于微型金融客户而言，如果要求代理商销售保险产品前对每个微型金融客户进行分析，其代理成本将会比较高，保险定价也会相应提高，很容易造成与低收入市场的脱节，因此监管法规应尽量避免对集体销售的禁止性规定，除非滥售保险情况严重，且无法通过其他方式予以解决。

在某些情况下，保险公司会将保险以集体保单形式卖给微型金融机构，由金融机构给每个借款人分发购买保险证明。在这种销售模式下，微型金融机构代表所有单个客户成为集体保单持有人，而保险公司可能没有单个客户的姓名及联系方式等信息，保险公司以商定的风险对商定数量的客户进行保险，除非保单另有规定，否则单个客户只对微型金融机构而非保险公司享有索赔权。但在这种销售模式下，存在一个重要问题，由于是微型金融机构购买保单，即由贷款人而非借款人（支付保费的最终消费者）持有保单，保险公司可能会通过提高佣金或其他补偿方式竞标，导致借款人承担较高的保费。此外，由于集体保险客户比较多，可能会包含无投保资格成员，这可能会产生另外一个问题，即保险代理人销售保险时有意忽视这一问题，向没有投保资格的成员出售保单，收取保费，但当消费者提出索赔要求时，保险公司会以客户不具备投保资格为理由拒绝赔付，从而侵害了消费者权益。可见，从消费者保护角度看，微型金融机构的集体保单存在很多问题，因此，监管部门应要求微型金融机构至少履行下面两项义务：一是确认已经将保险证明分发给单个持有者，并告知保险公司名称和支付索赔义务；二是已向保险公司提供保单持有人姓名、联系方式及受益人姓名等信息。

（四）信息披露、索赔及消费者知悉权

为保护消费者权益，保险产品销售监管同样需要信息披露。最低限度的信息披露应该包括保险公司名称、费率、保单期限、佣金、例外条款、索赔和追偿机制等。但是，即使保险公司按照要求进行披露，对客户的保护也十分有限，因为许多客户对这些专业术语并不理解，也无法评估保费及覆盖的风险价值，甚至出现风险后不清楚如何提起索赔。因此，监管部门应要求保单尽可能使用简练的语言和标准术语，限制保单文件长度，并禁止出现某些客户无法理解的免责条款。

在有些情况下，尽管保险产品设计与监管要求完全一致，但这也不一定能为客户带来正向价值，而较低的索赔率是这一问题的最好证明。出现这一问题的原因很可能是由于客户对自己应享有的权益不甚了解或者索赔程序太复杂，为此，监管部门应监测投诉水平、索赔率、失效解约比率和非续期比率等指标，如果投诉很多，但索赔率很低，失效解约比率较高，这说明保险公司很可能存在滥用保险行为，监管部门应采取有效措施对这些公司进行处理。

对于很多贫困人群而言，他们可能对基本的保险概念和产品都缺乏了解，也不知道他们的权利（如追偿机制等）和责任（如按时支付续期保费等）。客户经验不足是所有微型金融业务发展面临的挑战，但在微型保险业务中表现得尤为突出，因为保险的基本概念比较抽象，贫困人群对其根本不熟悉。对于这一问题，可通过保险产品的标准化、使用简单的保险术语和条款等措施来解决，因为这有助于客户对保险产品的准确理解和对不同保险产品进行对比，以选择最适合其需求的产品。但需要注意的是，过度的标准化可能会降低保险产品的创新性，使各公司提供的产品出现同质化。因此，开展大范围的保险知识宣传，提高消费者的认识水平应是维护消费者权益的有效措施。

（五）捆绑销售

将不同保险产品、其他金融产品甚至非金融产品捆绑到一起销售，在保险产品创新中十分常见，这种类型的保险产品在一个保单中组合了多种权益。保险产品可以与其他金融产品，甚至非金融产品捆绑在一起。对于保险公司而言，允许微型金融产品与其保险产品捆绑在一起销售，是实现微型保险业务增长的重要途径，而且这种捆绑销售也可以为贫困人群提供更广泛、更高效的金融服务。

保险与信贷产品捆绑销售，尤其是在不购买保险就不能贷款的情况下，可能会导致消费者保护问题。捆绑的保险种类越多，问题越复杂。很多客户贷款时可能并没有意识到已经购买保险，或者对保险产品设定的保障范围理解非常模糊，以至于客户对自己的权益并不清晰。在这种情况下，客户可能既不了解捆绑销售的保险的成本，也不了解其享有的权益，这就使得不同金融产品之间的比较十分困难。此外，有些捆绑销售的保险条款规定，贷款偿还后，捆绑销售的保险即失效，这种规定对信用人寿保险可能还有一定道理，但对于其他保险产品（如丧葬保险）而言，这种规定则毫无道理。

在允许信贷产品与保险产品捆绑销售时，消费者保护监管的重点应是确保客户对捆绑销售产品的特征、定价及权益有清晰的了解。当然出于消费者权益保护目的，彻底禁止捆绑销售也是一种选择，但可能会导致微型金融机构客户无法获得有效的保险服务。

三、对非网点银行业务的监管

无论是在发达国家还是发展中国家，越来越多的人运用支付卡、移动电话等先进技术而非现金来完成资金收付。此类技术同样被用于其他金融服务，如存款、取款及定期储蓄等，在某些情况下，这些技术还被用于贷款和还款。此类业务就是通常所说的非网点银行业务，对这类业务较为正式的定义是，由第三方（如零售商）提供客户接口，并利用现代技术（如POS机、手机）等传递交易信息，实现在传统银行网点之外提供金融服务。非网点银行业务主要借助已有的基础设施和代理网络，可以大幅度降低运营成本，提高客户便利性，使那些没有或很少接触银行服务的人群能够享受到更多金融服务。

专栏5　银行主导模式和非银行主导模式

非网点银行潜力巨大，可以使传统的银行网点无法覆盖的穷人获得金融服务，可降低提供服务的成本，包括银行建立和维持服务渠道的成本，以及客户使用服务的成本（如路途往返和排队时间）。

非网点银行业务主要有以下特征：

（1）使用支付卡或手机技术识别客户，用电子方式记录交易，有时客户可以进行远距离交易。

（2）使用第三方销售点（专属或非专属），如邮局和小零售商，作为金融服务供应商的代理，使客户可以完成需要本人亲自到场的业务，如现金存取，银行开户所需的客户尽职调查等。

（3）在交易性或支付服务业务外，至少可以提供基本的现金存取服务。

（4）有政府认可的、经营储蓄业务的机构，如有正式经营牌照的银行的支持。

（5）将上述各方面综合在一起，使客户能够定期使用非网点银行业务，无须去银行网点即可办理业务。

我们把非网点银行业务分为两类：银行主导模式和非银行主导模式。在银行主导模式中，客户与银行或银行类机构签订合约。在非银行主导模式中，客户与非银行机构（比如移动手机网络运营商）签订合约，但由银行管理电子货币的流通。在上述两种模式中，关键的现金收付环节，都要通过代理机构来完成。

在银行主导模式下，客户与一个有正式执照，接受审慎监管的金融机构有直接的契约关系——开设交易账户、储蓄账户、贷款或者某种结合的业务——尽管客户可能只与一两家银行聘用的零售代理打交道。

在非银行主导模式下，客户与有正式执照、受审慎监管的银行机构并无直接的契约关系。客户向零售代理支付现金，购买一定数额的电子储值。这种虚拟账户储存在非银行机构的服务器上，如移动通讯经营商或储值卡的发行机构。客户与非银行供应商一旦建立关系，即可向这个系统中的任何人支付款项，或接收对方的支付款项。如果这个系统完全使用 POS 系统或储值卡，客户每次进行交易时必须前往系统内的一家零售代理店进行交易。如果系统使用手机，客户除了账户充值或将储值卡兑成现金时要去零售代理店，其他交易便不须经常跑零售代理点。

银行与非银行模式还可以结合使用。例如，菲律宾全球电讯公司提供的 GCash 服务（为手机客户提供虚拟储值账户）与菲律宾银行家协会的银行会员合作。客户可以将现金带到 GCash 的一个代理点，将现金存入自己的虚拟账户，然后可以通过手机发短信进行交易，如偿还贷款、存钱取钱，或从自己在一家属于该系统的农村银行的储蓄账户中转账。

从监管的角度看，银行与非银行模式不同的意义在于，银行模式下进行的每一笔交易背后都有一家有正式执照的受审慎监管的银行。但是这种情况也许给了政策制定者一种虚假的安慰。从一些调查来看，采用银行模式的银行有时通过外包向非银行机构转嫁了太多的责任和风险，以至于使监管的重点从有正式执照的银行转向无执照的合作伙伴。

监管环境是决定非网点银行业务发展的关键因素。具体来看，监管环境包括：是否允许零售店和其他第三方为银行及其他金融机构客户提供现金收付（如存取款）、开户和其他服务？零售支付系统能否满足非网点银行业务需求，使用成本是否低廉？反洗钱和反恐怖融资法规是否允许由代理商代替银行履行"了解你的客户"等监管要求？是否有明确的监管部门和监管法规对非网点银行业务的不同参与者实施监管？消费者保护是否足以化解非网点金融服务所导致的特定风险？

从许多国家情况看，监管政策出台要滞后于产品创新，某些国家非网点银行业务的繁荣正是建立在监管法规缺失的基础之上。但长期而言，非网点银行业务的健康发展必须要以跨行业监管，包括银行业务、支付系统、通讯以及消费者保护等相关行业的监管作为保障。从实际情况看，有些非网点银行业务参与者，如商业银行，已经接受相关金融监管，而其他一些参与者，如移动电话公司，还不在当前的金融监管范围之内。经验表明，对于面向低收入客户的非网点银行业务监管，需要特别关注几个方面：允许利用第三方来完成现金收付以及开户等其他客户交互功能；采用的风险导向方法要适用于反洗钱和反恐怖融资法规，并反映低价产品和服务中所蕴含的较低风险；采用合适的法规监督非银行支付提供商和电子货币发行商，并对客户资金给予充分的保护；具备适当的支付系统管理规则。

（一）设置代理机构和其他第三方机构

非网点银行业务模式的共同点在于利用现有的第三方机构来降低成本和扩大服务范围。没有银行账户和难以获得主流银行服务的人需要通过便捷的方式将现金变为电子货币或者将电子货币变为现金，需要通过便捷的方式与金融机构服务商建立合作关系。由第三方参与者（比如当地商户或者移动通讯经销商）充当服务提供者（即委托方）的代理机构时，委托方通常要对代理机构依照代理协议所从事的一切活动承担责任。除委托代理方式外，还可以通过服务协议、合伙、合资或者联盟等方式开展合作，使用"代理机构"这一概念并不能完全涵盖非网点银行服务提供者，因此使用"第三方机构"可能更准确。

在非网点银行业务中，需要通过第三方机构来完成现金收付等客户交互功能。尽管必须要对第三方机构的资质和功能予以一定限制，但过于严格的限制会严重妨碍非网点银行服务的开展，使其无法完全涵盖没有银行账户和难以获得主流银行服务的客户群体。因此，对第三方机构的限制性规定主要涉及三个问题：

第一，监管规则可能会对第三方机构的资质，如法人类型（商业实体、非营利性机构、个人或者其他机构）、营业许可、最低资本要求等进行严格限制，但对于第三方机构资质的限定必须要遵循谨慎、仔细的原则，给予服务提供商适当的自由裁量权。

第二，应清晰地界定第三方机构可提供服务的范围。很多国家对第三方机构的服务范围进行了严格限定，譬如有些国家禁止银行在核心职能中使用第三方机构，如内部审计或贷款审批；还有些国家禁止通过第三方机构开立账户或者现金收付。如果希望通过非网点银行业务来扩大金融服务的覆盖范围，就应当修改这些禁止性规定。

第三，监管规则中应明确金融服务提供者对其第三方合作商的行为所承担的责任。委托方（即金融服务提供者）通常要对第三方机构依照协议所从事的一切活动承担责任。

（二）非网点银行业中的反洗钱/反恐融资

非网点银行业务需要执行反洗钱/反恐融资相关规定，障碍主要有两个：第一，许多低收入群体不能提供个人身份证明文件；第二，许多国家的反洗钱/反恐融资制度不允许开立远程账户（例如，客户以电子方式提交数据，然后得到独立第三方的信息验证），或不允许由代理机构开立账户。反洗钱金融行动特别工作组推荐采用以风险为基础的方法，允许使用简化的测算方式，如在洗钱和恐怖融资风险较低的小额交易中使用简化的客户尽职调查规定。与此同时，部分国家已意识到低收入群体很难提供某些正式文件，并据此调整了反洗钱/反恐融资规则，并允许通过背景不复杂的第三方零售商开展远程交易。

(三) 电子货币及其他储值工具的非银行发行者

对于非银行电子货币,基本的主张是进行适度管理。目前,许多国家已经或正在考虑对电子货币及其他储值工具(如预付卡)的非银行发行者进行监管,但此类机构所受到的审慎监管程度应当不同于银行业金融机构。在发展中国家,大多数非银行电子货币发行者的规模都不算大,因此,监管部门通常不太关注系统风险,主要关注对"浮款"的保护(即公众以电子货币形式所持有的资金)。为减轻客户和金融系统的风险,监管部门可能对使用浮款行为进行限制,所以资金的风险并不大。最常见的是,不得不以低风险的流动资产形式持有浮款,或将其存在特许机构的储蓄账户中。当浮款存于银行账户中时,电子货币发行者的其他债权人对这笔资金无要求权——例如,为了维护客户利益,将资金保管于信托账户中,能够阻止发行方将浮款作为抵押物。

银行电子货币发行者并未就如何处理浮款达成一致,尤其当计算存款保险和存款准备金时,浮款是否应当被视为"存款",对此尚未形成一致的观点。正如在2010年英国财政部的咨询文件中提出,"推广存在实际困难和潜在成本",其中包括当银行倒闭发生时,确认大量小额电子货币债权所发生的成本。

(四) 非网点银行业务中的客户保护

为维护非网点银行业务客户的权益,应当明确作出以下规定:要求第三方机构必须向客户明确说明自身仅是中介机构,而非金融服务最终提供者,以帮助客户正确认知谁是其直接交易对手;要求第三方机构明码标价,以提高信息透明性,降低客户被过度收费风险;要求第三方机构清晰列示求助机制,尤其对于那些不太熟练的客户，远距离求助可能会比较困难，但可要求提供者通过与交易信息传递相类似的技术提供相对简单的投诉渠道。

（五）支付系统的监管和使用

过去对支付系统监管的重点通常是大额支付系统，但由于零售支付系统交易量日渐庞大，因而也开始受到监管者的关注。在某些国家，监管部门对支付系统的授权访问加以限制，支付系统仅对某些特定类型机构服务，并对费用上限进行监管。在某些特定环境中，监管部门还要求支付系统的参与者给竞争者一个具体的期限，以使竞争者能够"赶上"技术发展并最终接入系统。某些支付系统的访问权由参与者之间的协议决定，参与者决定哪些机构有权使用以及使用费用是多少。在理想情况下，支付系统参与者设定的规定能够在不限制竞争的情况下，确保系统的完整性。但在现实中，正式的支付系统通常由大型商业银行控制，这些机构几乎没有兴趣或动机为低收入者提供服务，这会影响对低收入群体的支付服务。

（六）部门间协调

非网点银行业将不同行业的参与者集中在一起——包括金融部门以外的行业，例如通信和零售分销商，因此非网点银行业务涉及的监管主体可能不止一家。不同监管机构间管理权的模糊或重叠可能导致监管冲突或削弱政策执行力。例如，通信行业的监管部门和相关的金融监管部门在反洗钱/反恐怖融资方面可能有不一致的要求，或者中央银行的消费保护部门可能与国内消费者保护机构持有不同的观点，因为后者仅关注产品责任。因而，有效协调监管部门之间的关系显得至关重要。

四、微型金融消费者权益保护

对于低收入群体而言,金融消费者权益保护尤其重要,这是因为,一般情况下,低收入客户受教育程度较低,正规金融服务经验不足,而且也很少有正规金融愿意为这部分群体提供服务,因此更容易在非正规金融消费中受到侵害。

(一) 信息披露

对于金融经验不足的消费者而言,信息披露监管应要求服务协议语言简单、表述清晰、能够与不同金融产品及不同金融服务者进行对比等。尤其是在文化程度较低的地区,要确保人们无须阅读即可对服务或产品的相关条款有清晰的了解。

信息透明性监管力图通过披露内容的标准化,包括内容表格化、措辞标准化、消费者成本和收益计算的公式化等措施,提高金融服务的可比性和竞争性,并通过比较和竞争降低金融服务价格。但是,贷款年利率等信息的完整性和准确性是否如同理论预期的那样影响消费者行为尚不明确,而且,针对发达国家客户设计的信息披露措施,如果不经过修正而直接用于发展中国家,效果可能并不好。更多并不意味着更好,实际上,随着信息披露数量的增加,其效应是递减的。因此,信息披露监管的重点并非信息披露的数量,而应是信息披露的简洁、清晰和高质量。

(二) 禁止歧视行为

金融监管须禁止歧视性行为的发生,无论这种歧视是针对性别、人种、阶层、信仰还是民族。实际上,从许多国家情况看,遭受金融消费歧视的人群中,无论其遭受歧视的原因是什么,大部分都仍然比较贫困，因此，禁止歧视行为应是金融监管的重要内容。

解决金融服务中的歧视问题，必须要对金融服务提供者作出两个方面的明确要求：一是金融产品服务对象的资格标准应当透明；二是向被拒绝客户说明被拒绝贷款的真实原因。但遗憾的是，当前部分国家的金融监管者默许金融服务提供者对女性或其他群体的服务采取歧视性措施。

（三）禁止滥发贷款和不正当催收

促进贷款公平性的监管工具有多种，包括贷款协议条款的标准化及信息披露制度、消费者损失追索机制、放贷者的基本登记制度、贷款人偿付能力评估、贷款人收入负债比限制等。此外，严格禁止放贷者发布误导性广告也是十分必要的。由于大部分的强制性销售和"掠夺性"信贷行为发生的很重要的原因是借款人缺乏相关知识和经验。正确采取上述监管措施，有助于防止贷款发放中不正当行为的发生，维护消费者利益。

目前，部分微型金融机构认为，对于没有抵押担保的微型信贷，如果不能维持较高的贷款偿还率，业务的可持续性就不能保证。因此，它们执行不良贷款"零容忍"政策，要求所有贷款必须全部收回，但这可能会导致不正当催收行为的发生，对借款人及其家庭造成严重影响。这就需要监管当局对微型金融机构监管贷款回收出台相关规定，一方面，禁止贷款催收过程中出现威胁或恐吓等不正当行为；另一方面，完善清偿和拍卖机制，支持放贷人合法维护权益。社会公众及当事人的质疑对进一步优化信贷违约解决方案具有重要意义。监管者及放贷人要密切关注这些意见，改进监管工具，优化贷款催收措施，以防止某些问题的重复出现。对于监管当局而言，为防止滥发贷款和不正当催收，明确禁止某些行为发生是有必要的。但从实践来看，还存在诸多困难，如哪些行为属于不正当催收行为难以确定，毕竟文化传统不同，对这些行为的认定也会有所不同，在有些地方认为是正当的催收行为，在其他地方可能被认为是不正当的，这就需要监管当局谨慎对待。

（四）防止过度负债

鉴于2008～2009年的国际金融危机和发达国家普遍存在的过度负债问题，金融监管当局对零售信贷客户负债率越来越高所带来的风险日益警觉。事实上，随着零售信贷市场的迅速发展，市场已趋近饱和，竞争越来越激烈，过度负债问题也必然会随之出现。

在有些国家，由于缺乏可靠的覆盖小额信贷借款者的信用报告系统，因而无法准确了解借款人尚未偿还的贷款情况。评价过度负债主要依据有三个方面：一是贷款机构收集的信息；二是借款人的债务收入比；三是贷款规模增大、贷款期限增加或贷款延期。这些数据大都是在问题出现后统计的，具有一定滞后性，客户清偿贷款能力不足问题已发生很长时间后才在金融机构贷款清偿统计数据中显示。在没有强有力的内控机制情况下，信贷经理可能会允许不能按期清偿的贷款延期，而借款人也可能会通过"借新还旧"方式，从该机构或其他机构贷款偿还本笔贷款，使得借款人清偿能力不足问题在较长时间内得以隐瞒。

对于信贷业务，正确评估申请人的现金流和偿还能力是业务开展的基础。通过信用报告系统，放贷人可准确把握申请人在正规金融机构尚未偿还的贷款余额以及贷款偿还记录。信用报告系统信息都是从正规金融机构获取的，但对于微型金融而言，非正规金融信息可能更具有参考价值，因此，微型金融业务不能过度依赖信用报告系统提供的信息。防止过度负债，除了这些预防性措施外，还需要其他补救措施，如债务咨询服务、法律救济等，综合运用这些措施，才能有效解决过度负债问题。

(五) 利率上限

设定贷款利率上限是许多国家的金融消费者保护措施之一,但这可能会导致贫困人群及边远农村人群的信贷可得性降低。这是因为相对于传统的银行零售信贷业务,微型金融业务管理成本占贷款额的比例较高,设定贷款利率上限可能会导致微型信贷的利率收益不能弥补贷款的成本和正常利润,从而导致微型金融服务供给不足。同时当利率上限规定执行不严格时,放贷人可能通过费用或佣金形式提高信贷产品的真实价格,借款人付出的真实成本可能远高出名义上的贷款利率,微型信贷价格变得不透明。

从理论上说,可以设定一个合理的利率上限,使之既能保证微型金融业务的可持续经营,又能防止放贷业务利润过高。但实际操作中,准确设定合理的利率上限十分困难。首先,监管当局设定利率微型金融业务利率上限需要考虑到政治影响,由于大部分人并不明白微型金融业务利率高的真实原因,如果设定一个较高的利率上限,支持金融机构向贫穷的借款人收取高额利息,很容易会冲击社会公众的道德心,造成对政府的不满。即使在一个特定的小额信贷市场,考虑到信贷供给者、市场细分、成本结构等的差异性,也很难找到一个所谓的"可持续"的利率上限标准。仅以贷款规模差异为例,以同样的利率水平,发放 1 000 美元贷款可能会获得较高的利润,而发放 100 美元贷款,利息收益可能还难以弥补成本。

从许多国家和地区的情况看,即使没有设定贷款利率上限,大多数小额信贷的利率也已开始下降。为应对社会公众对微型金融利率过高的批评,许多金融机构主动下调了贷款利率,这说明很多国家和地区微型金融市场利率完全可以比现在执行的利率更低。实际上,尽管某些国家和地区微型金融市场利率过高,以至于人们批评金融机构获得了超额利润,但从全球范围内看,贫困人群支付过高利率的比例还是相当小，也就是说绝大部分的微型金融机构并没有像人们主观认为的那样通过高利率获取超额利润。

可见，设定利率上限并非最佳选择，合理的替代方法是通过有效的信息披露机制帮助消费者更清楚地了解产品及其定价。同时，通过不同机构之间产品及定价的比较，提高微型金融市场竞争性，通过市场竞争而非行政命令实现降低利率和维护消费者权益的目的。

（六）数据隐私和安全

保护客户私人财务信息通常都被写进银行保密法，而且越来越多的国家开始重视个人数据处理中的个人隐私保护问题，并出台相关法律规定予以规范，要求私人信息的收集、存储、查看和使用仅限特定目的和特定人员。由于大量微型金融业务并非由银行业金融机构提供，银行保密法并不足以对微型金融业务客户的私人财务信息进行有效保护。但是，对个人隐私保护相关规定的出台将会弥补银行保密法的不足，起到保护微型金融业务客户个人信息安全的作用。个人信息安全保护监管十分重要，但从大量私人信息遭受侵害的微型金融客户情况看，客户个人原因，如保管不慎泄露密码等占有较高的比重。因此，提高消费者的保密意识在客户数据隐私保护监管方面能够发挥重要作用，加强客户数据隐私保护监管，有助于提高客户的保密意识。

对客户数据隐私的保护需要制定和执行一系列与个人隐私保护相关的法规。但这对于微型金融而言面临较大的挑战，毕竟微型金融市场参与主体复杂，对其监管可能涉及不同部门，因此对客户信息的保护需要不同部门之间的协调，尤其是对于一些跨部门提供的服务，客户信息保护难度更大。此外，监管当局还需要平衡客户信息保护和信贷可得性，譬如，在信用信息系统未能涵盖微型放款人的国家和地区，微型放款人相互之间非正式的信息分享可能是防止交叉借款的有效手段，但这种信息分享明显违背了保护客户隐私信息的相关规定。当客户信息保护规定制约了微型金融提供者之间的信息分享，进而影响对贫困人群的金融服务时，可能就会有人呼吁放松客户信息保护规定，允许通过信息分享降低客户过度负债风险，提高微型金融信贷资产的安全性，扩大微型金融服务供给。

（七）追索权

投诉和追偿是金融消费者保护的重要组成部分。维护消费者的追索权，要求微型金融机构内部建立专业且方便的投诉处理程序。如果监管当局能够将微型金融机构的内部投诉处理程序作为其日常监管内容之一，内部处理程序就足以解决客户的追索权问题。部分国家金融监管当局要求被监管的微型金融机构定期上报消费者投诉情况及处理结果。如果内部程序未能解决客户投诉的问题，那么就需要通过其他途径来解决，以维护消费者的追索权，这些追索途径包括社会组织、行业协会、调解以及申诉等。此外，监管当局本身也可以提供相应的追索服务。对于贫穷金融消费者而言，正常的司法程序成本高、耗时长，并非行使追索权的最优选择，但如果能走简易程序，诉诸法律也是较好的选择。无论是内部投诉处理程序还是外部追索程序，对于微型金融消费者而言，都需要满足追索流程清晰、客户零成本或低成本负担、追索服务提供者可信度高、投诉提交简单等条件，而且在有些情况下，还需要协助消费者填写和提交书面的投诉表格。

对于监管者而言，审查投诉数据有助于识别微型金融业务中存在的侵害消费者权益的不正当行为，为后期的消费者保护政策的制定和决策提供支持。实际上，没有消费者投诉并不一定是好事，很多情况并不是消费者不想投诉,而是他们可能不知道正常的投诉途径,或者因为投诉程序过于繁琐而不愿投诉。对政府及金融机构缺乏信任,也会导致消费者怀疑自己的投诉能否得到回应,因此,透明清晰的金融消费追索程序十分重要。同时,要采取措施,让消费者清楚自己的追索权及追索方式,这对维护消费者的追索权具有重要意义。

(八)选择合适的监管机构

如果没有强有力的监管,上述所有保护消费者权益的标准将无任何意义。因此,无论对发达国家还是发展中国家而言,选择一个适当的监管机构履行金融消费者保护职责都是一个重大问题。

从全球情况看,微型金融消费者保护职责一般由三个部门行使:一是金融监管机构,一般是银行业监管机构、非银行业金融监管机构或者是信贷监管机构;二是专门的金融消费者保护机构;三是普通消费者保护机构。与普通消费者保护机构相比,金融监管机构承担消费者权益保护职责具有较为明显的优势,主要表现在两个方面:首先,金融监管机构对出现问题的微型金融产品更加熟悉;其次,微型金融服务者更容易接受金融监管机构的监管。但遗憾的是,很少有金融监管机构承担对所有金融服务提供者的监管职责,这是因为金融监管机构通常不愿意承担额外的责任,包括金融消费者权益保护责任。相比之下,成立专门的金融消费者保护机构可以为提供相同金融产品和服务的不同类型机构创建一个更加公平的竞争环境。无论由哪个机构承担金融消费者权益保护职责,都必须要明确对该机构的授权及与其他监管机构之间的关系。

实际上,无论选择哪个机构承担金融消费者权益保护职责,都可能会感到监管资源不足,力不从心。为降低监管压力,并尽可能实现在政府部门介入之前解决问题,许多国家鼓励组建行业协会，制定行业标准，提高行业自治能力。在某些国家和地区，这种做法取得了一定效果，但是如果某个国家存在各种类型的信贷服务者，并为相同的贫困客户提供信贷服务，在这种情况下，除非所有从业者都主动或被迫加入行业协会，否则行业协会的作用将会十分有限。

五、防止微型金融领域的金融犯罪

在微型金融领域，主要存在三种金融犯罪：洗钱和恐怖融资、诈骗及相关金融犯罪、身份欺诈。在过去的几年中，洗钱和恐怖融资犯罪已引起了广泛的国际关注。但从贫穷客户的金融服务角度看，金字塔投资骗局（也称为庞氏骗局）和身份诈骗犯罪更为突出。

（一）反洗钱和反恐怖融资犯罪

当前，大部分国家和地区都已加入反洗钱金融行动特别工作组，并执行其《四十条建议》相关规定，其主要措施包括客户尽职调查、保留交易记录、可疑交易报告等。FATF 的《四十条建议》涵盖的领域非常广泛，监管范围包括一系列活动，如吸收公众存款、消费信贷、转账业务等。

新修订的《四十条建议》中，一个重要变化就是基于风险的控制方法，这一建议是《四十条建议》中的首条。该建议倡导各国识别、评估和理解洗钱及恐怖融资犯罪风险，并要针对识别出的风险采取有效的预防措施。该建议明确允许，如果国家能够确认洗钱和恐怖融资犯罪风险较低，即可实行简化措施。新修订的建议认为尽管小额交易并不一定意味着洗钱和恐怖融资风险低，但是如果反洗钱和反恐怖融资监管规则也同样应用于面向贫穷客户的微型金融，将会显著增加业务运行成本，并可能导致贫困客户的金融服务可得性降低，基于这种考虑，许多国家已对小额贷款和其他微型金融业务采取了特殊反洗钱及反恐怖融资监管措施。

(二) 欺诈、金字塔投资骗局及相关金融犯罪

同其他金融机构一样，微型金融机构也会陷入欺诈和相关金融犯罪。例如，信贷人员可能会虚构借款人或挪用客户资金，管理人员可能会侵占捐赠基金，而犯罪分子可能会通过假的微型金融机构或其分支机构吸收存款，会挪用资助基金。

金字塔投资骗局在许多发展中国家和转轨国家普遍存在，在发达国家也时有发生。在这种骗局中，骗子会承诺给投资者高额回报，而且早期的投资者也确实得到了承诺的投资回报，但实际上早期投资者获得回报是建立在后续投资者的牺牲基础之上的。金字塔骗局的受害者多是受教育程度较低，金融服务经验缺乏的低收入人群。在这种情况下，骗局就与微型金融业务关系密切，有时骗局会伪造或模仿合法的小额信贷提供者。如此一来，由于其承诺的高收益率，短期内大量顾客都转向了高收益率的金字塔骗局提供者，影响了正规机构的运营，而一旦骗局崩溃，将会导致贫困客户对合法的微型金融机构及其监管机构长期不信任。在有些国家，如果政府不能有效解决大规模的金字塔投资骗局，还会引发严重的政治后果甚至导致政权更迭。

金字塔投资骗局危害严重，但对金字塔骗局的监管并不简单。首先，对这类骗局的及时识别比较困难，难以及时发现犯罪行为；其次，打击这类骗局的手段与打击其他金融诈骗犯罪的手段相同，导致对这种犯罪的打击力度不足。为提高打击金字塔骗局的效力，可授权专门的政府部门承担此项职责，并赋予他们对这类机构的关停权和对犯罪分子的起诉权。需要注意的是，对这类犯罪活动的打击通常会有不止一个机构参与，因为涉及破产调查、刑事调

查、资产没收等多个方面，在这种情况下，建立一个政府间办事机构，代表主要机构采取行动可能比各个部门分别行动更可行，效果也更好。

（三）身份欺诈

所谓身份欺诈，是指冒用另一个人的身份或者虚构一个身份来获得金融服务或占用资金。微型金融机构既可能成为受害者，也可能会成为身份欺诈者的"帮凶"。例如，骗子会利用虚构的身份和伪造的现金流证明，或者直接冒用具有良好信用状况的借款人的身份，从微型金融机构套取贷款后逃逸；当文盲受害者被诱导签署不理解的文件时，他们的身份信息容易被盗用；而当受害者被引诱泄露密码或个人身份证号码时，将会对客户资产安全造成严重影响。在大多数国家，身份欺诈行为属于犯罪行为，解决这一问题的重点是着力改善现有刑事制裁措施的执行力，同时要不断加强数据和个人隐私保护。

六、微型金融的税务处理

各个国家和地区的税收系统不同，实际情况也存在较大差异，这就使得对微型金融的税务处理存在明显差异性。但对大部分国家而言，对微型金融税务处理的研究可从两个方面展开，即对金融交易征税和金融交易利润征税，针对微型金融的两种税务处理应有不同的原则。

（一）金融交易和行为税

原则上说，不管机构是什么性质，只要是同类金融交易或行为，就应适用相同的税收政策。但从实际情况看，尽管税收优惠与审慎监管目标并无任何关系,但在很多国家,只有接受审慎监管的金融机构才能享受收税优惠(如免银行贷款增值税、免银行利息收益税等);而在另外一些国家,对金融合作社和银行的金融交易税政策也存在一定差异。针对不同类型金融机构的税收政策差异,可能会导致税收套利行为的发生。为此,针对金融交易和行为征税应一视同仁,也就是说不论机构性质如何,也不论这些机构是否接受审慎监管,只要金融交易和行为的性质相同,税收政策就应相同。

(二) 所得税

在微型金融所得税这一问题上,很多人认为,对于非政府组织型的微型金融机构应与其他为公共利益服务的非政府组织一样免征所得税。因为,非政府组织运行目的是为提高社会公众福利(对于非政府组织型的微型金融机构而言,是为穷人提供金融服务),且其运营收益并非分配给私人股东或其内部工作人员,而是投入到更多社会公众,进一步提高社会福利。当然,对于非政府组织而言,可能会采取某些措施,如过高的薪酬、为内部工作人员提供低息贷款等,来规避非政府组织的利润非分配原则。但是解决这一问题的最优选择不是向非政府组织收益征税,而是不断完善非政府组织法律和提高法律的执行力。

在许多国家,对信用合作社实施的所得税政策不同于银行业金融机构。在这些国家,信用社被视为非商业性机构,因此尽管其经营利润在会员之间分配,但仍对其执行免征所得税政策。对此也存在很大争论,许多人质疑,以公司形式组建的微型金融机构,向同样的客户提供同样的服务时,是否也应享受税收优惠政策?针对合作社的税收优惠政策使部分微型金融机构选择组建合作社而非股份公司,以获得所得税优惠政策,这实质上导致了税收套利行为。

至于所得税抵减政策,适用于所有类型的机构,而不论这些机构是接受审慎监管还是非审慎监管。但事实情况是，大部分国家在制定政策时仅考虑了接受审慎监管的银行业，其他类型的微型金融机构并未在其政策考虑范围之内。如果审慎管理法规要求微型金融业务要比传统金融业务提取更多的坏账准备，那么，对微型金融业务的税收抵减政策也应相应作出调整。

第五部分　微型金融监管的国际实践

本部分的经验分析选取 17 个国家、地区和组织，样本涵盖了发达经济和发展中经济，其中有成功案例也有失败案例，均为微型金融发展的典型经济体。希望在这些案例分析的基础上，通过对不同监管框架和监管标准等方面的比较研究，能对当前国际微型金融监管状况作出一个完整的、全景式的描述，为中国的微型金融监管提供思考和借鉴。

一、美国

在美国，微型金融在很大程度上是以社会目标为本，以中低收入社区（特别是弱势人群）为目标。因此，这一行业不是商业性的，要依靠来自政府、捐赠人和投资者的补贴。微型金融发展组织（MDO）大部分不能完全自立，即便绩效最佳、规模最大的机构也无法完全覆盖其成本。如果联邦政府在未来数年面临经费限制，则该行业的部分机构很可能变得不堪一击。在很多介绍美国微型金融的文献中，有一点被反复提及，即缺少关于小额信贷业务的行业汇总数据。到目前为止，"微型企业创新、实效、学习和传播基金"（FIELD）对美国小额信贷行业的研究是最全面的。

(一)美国的金融排斥

美国拥有世界上最先进的金融系统之一,但仍有超过四分之一的家庭没有银行账户或欠缺金融服务,需要依赖主流银行体系以外的替代性金融服务提供商,其余则是使用现金或其他财务安排。无银行账户和欠缺金融服务比例最高的是非亚裔少数族裔、低收入家庭、年轻家庭和失业家庭。与在所有家庭中略高于四分之一相比,在这些群体中,有近二分之一的家庭无银行账户或欠缺金融服务。相对于2009年,大多数群体的无银行账户比例在2011年基本无改观。

在美国,有8.2%的家庭没有银行账户,接近1 700万成年人生活在无银行账户的家庭中。从首次调查以来,无银行账户家庭的比例微增长约0.6个百分点,意味着无银行账户家庭增加了82.1万个。此外,2011年有20.1%的家庭欠缺金融服务,高于2009年的18.2%,还有29.3%的家庭没有储蓄账户,约10%的家庭没有支票账户。有四分之一的家庭在过去一年中曾使用过至少一种替代金融服务(AFS)产品,将近十分之一的家庭曾使用过两种或两种以上AFS产品。总共有12%的家庭曾在最近30天内使用过AFS产品,包括40%的无银行账户和欠缺金融服务的家庭。

(二)美国微型金融的特征

在美国,微型金融不受监管,其特征是专注于小额信贷和培训/教育(经常作为套餐一起提供),正逐渐引入住房贷款业务。美国的小额信贷常为微型企业的创业提供资金,这与在大部分发展中市场更常见的商业/消费贷款相反。在美国,微型金融市场的目标是被边缘化的个体经营户和家庭,以及力争通过小型创业项目满足基本需求的创业者。他们的收入一般等于或低于收入中值的80%,有51%

以上是属于中低收入（LMI）类别。潜在客户通常是那些因为财务记录缺乏或不完整、担保品不足、信用记录有瑕疵等被传统信贷渠道拒之门外的人群。他们一般要依靠替代金融服务提供商为个人和商业活动融资，比如，发薪日贷款、支票兑现服务和当铺。

在美国，微型企业发展领域及其行业协会［企业机遇协会（AEO）］将微型企业定义为雇员人数（包括企业主在内）为5人或以下的企业。微型企业为美国创造了约18%的就业。在2 000万个微型企业中，目前有不足1.5%获得了信贷或其他形式的援助（相比之下，发展中国家的这一比例是17%）。在美国，由于大部分微型金融组织都是非营利性质，因此，没有监管机构对该行业进行监督。除国税局（IRS）的一般性规定、各州特定的适用于非营利机构的小企业和消费者法，以及适用于小额信贷机构的高利贷法之外，没有专门针对小额信贷机构的正式或单独规定。国会和贷款组织已开始为小额信贷机构制定认证标准，例如，要获得联邦资金，小额信贷机构就必须通过认证流程，成为社区发展金融机构。此外，AEO作为全国小额信贷机构的行业协会已于近期实施了一项流程，用以制定有关放贷、培训绩效、治理和管理问题、财务稳健性的最低标准。

美国的微型金融行业要实现规模化和可持续性仍为期遥远。可持续性所面临的关键挑战可归因于碎片化、缺乏认证和监管、数据欠缺、资金来源不稳定和难以覆盖目标市场。规模无法扩大则要进一步归因于目标市场分散、需求缺乏同质性、难以了解多样化和分散程度高的客户群体的需求。过于依赖补贴、缺少商业化资金也是导致无法规模化的原因，而大部分高利贷法也迫使行业只能坚持使用补贴资金。

（三）政府提供的支持

1991年，作为美国首个实行会员制的微型金融行业协会，企业机遇协会（AEO）成立。该组织旨在帮助欠缺金融服务的创业者创立、经营和扩大企业。

1991年，阿斯本研究所启动其在美国微型企业领域的工作，创建"自雇学习项目"——七年后发展成为"微型企业创新、实效、学习和传播基金"（FIELD）。FIELD对行业状况进行跟踪，将成果记录成文，探索和评估新观点，并传播最佳实践经验。

1991年，国会批准小企业管理局（SBA）实施其微型金融计划（提供补贴）。该计划直接向符合资格的非营利中介小额信贷提供商发放贷款，再由后者将单笔不超过5万美元的小额信贷提供给小企业主、创业者。SBA在美国的微型金融市场占据了主导地位，平均贷款金额约为1.3万美元。

1994年，国会成立了社区发展金融机构基金（CDFI基金），直接向在欠缺金融服务的社区运作的CDFI（银行、信用社、贷款基金或风险投资基金）提供有补贴的政府投资。

1995年，《社区再投资法》（CRA）改革，这一改革使银行的贷款计划变成切实的贷款行为，监管机构的CRA评级也变得更严格。CRA作为一部联邦法律，其目的是鼓励商业银行满足其运营所在地的社区内所有借款人的信贷需求，包括中低收入人群。国会于1977年通过该法案，以减少针对低收入人群的歧视性信贷操作。为执行该法案，联邦监管机构会审查银行业务机构的CRA合规情况，并在审批银行分支机构成立或合并、收购申请时，将该信息纳入考虑范围。

根据现行法律建立的、用于帮助微型融资的计划包括：众议院通过的SBA小额信贷计划拓展项目、SBA微型创业者投资计划、SBA妇女商业服务中心计划以及财政部社区发展金融机构基金。

（四）主要小额信贷机构：CDFI和营利性贷款机构

截至2012年4月，已有近1 000个CDFI经过注册，这些机构提供贷款、培训和技术援助的组合服务。据 FIELD 估计，其中有 403 个机构提供小额贷款——尽管对其中部分机构而言，这部分业务在其所有服务中只占极小比例。大多数向 FIELD 汇报的组织都是非营利性的贷款基金，包括信用社、社区银行、本地商会和小企业发展中心。提供小额贷款的 CDFI 大部分也提供其他贷款产品，比如，中小企业贷款和住房贷款。从这个意义上来说，大多数 CDFI 都着眼于所服务社区的更广泛需求，已经超出了微型金融的贷款范围。仅就微型金融而言，规模最大、历史最悠久的小额信贷机构网络是安信永。作为 SBA 基金的中介，安信永所负责的小额信贷在国内最近二十年间完成了总量中的三分之二以上。

最近几年进入微型金融市场的新的营利性金融机构可分为两大类。第一类是以 LMI 微型企业为目标的贷款机构，比如，Progreso Financiero、Finaciera Confianza 和 OUR Microlending。另一类是针对更广泛的、资金需求低于 3.5 万美元的客户群的贷款机构——P2P 贷款机构，比如 Prosper 和 Lending Club，以及大型零售商 Sam's Club 和替代性的商业贷款机构 On Deck Capital。在美国，由沃尔玛等大型零售商提供的非银行金融服务日益普及，比如，汇票（每年 750 亿美元）、支票兑现（每年 600 亿美元）和发薪日贷款（2010 年为 3 380 亿美元）。尽管趋势如此，大部分美国 MFI 仍然是非营利、不吸收存款的，这些机构依靠的是来自多个渠道的补贴，再转贷给其目标客户。部分较大的 MFI 与商业银行具有良好的合作伙伴关系，后者可为其执行存款功能。

（五）银行业

商业银行部门一直为以微型金融为导向的 CDFI 提供短到中期债务融资和赠款支持，其背后的驱动力是《社区再投资法案》。全国很多大银行都设立了社区发展部，积极为这类组织提供资金，比如，美国银行、花旗集团、汇丰银行、摩根大通银行、道明银行和富国银行。区域性和本地银行也对其所在地的 CDFI 提供与 CRA 有关的投资。遗憾的是没有汇总数据，因为行业支持机构（FIELD 或 AEO）均未采集有关为小额信贷业务提供的资金总额的信息。

在分析美国的金融普惠时往往会忽略信用社的作用。作为一个独立的联邦机构，国家信用社管理局（NCUA）采取了一些特殊措施，以覆盖低收入人群。获得联邦保证的信用社可经过允许，主要为被其他金融机构严重忽略的落后地区或社区的低收入成员提供服务。如果想获得"低收入指定信用社"的称号，获得联邦保证的信用社就必须满足 NCUA 的原则和条例中所规定的各项要求。这一称号的重要好处是，"低收入指定信用社"可获得由不具备信用社成员资格的企业和组织提供的二级资本。与联邦小额信贷途径相比，为低收入指定信用社提供的联邦支持不是将联邦政府作为直接贷款人，从而迫使这些信用社独立于政府和相关补贴。

国家信用社管理局推行旨在加速和预先审批合格的信用社成为低收入指定信用社的举措，令低收入指定信用社的数量从 2012 年的 1 169 个急剧攀升至 1 874 个。新的低收入指定信用社共计为 1 200 万余名成员提供了服务，拥有逾 1 050 亿美元资产。此外，合格的低收入指定信用社还可获得 NCUA 社区发展循环贷款计划提供的贷款和技术援助赠款。

二、欧盟

欧盟各成员国之间存在较大的社会和经济差异，在监管方面也有所不同，使得整个区域存在多种微型金融业务模式，行业较为分散和不成熟。但因其在应对日益增加的贫穷和失业问题上的潜力，微型金融吸引了政策制定者越来越多的关注。

欧盟委员会对小额信贷的定义是：金额低于 2.5 万欧元、用于支持个体经营户和微型企业发展的贷款或租赁。微型企业则是指雇员人数少于 10 人、年营业额低于 200 万欧元的企业（2003 年 5 月 6 日"Commission Recommendation 2003/361/EC"中的定义）。为评估欧盟委员会"2020 年欧洲贫穷/社会包容目标"的实施进展，Eurostat（欧盟统计局）统计了欧盟面临贫穷风险的居民占比。在东欧，贫穷或社会排斥的发生率最高——尽管欧盟 15 国与欧盟 27 国的平均值的差别相对较小。高贫穷指数产生在大部分东欧国家，以及受主权债务危机影响的西欧和南欧部分国家。

（一）欧盟微型金融行业的特征

西欧与东欧的微型金融行业之间存在明显区别。在比较单个国家所发放贷款的数量时，西欧国家一般放贷数量少而单笔贷款金额高于东欧国家。这意味着这些西欧国家的平均贷款规模显著大于东欧微型金融市场。此外，在西欧，微型金融与扶贫措施具有更密切的关系，在某种程度上是由补贴推动的，而东欧国家更具有商业可行性，同时更重视规避风险（即往往避免为初创企业融资）。东欧的欧盟成员国在社会福利指标方面的表现相对较弱、银行普及率低、非正规经济规模大，是导致这一区域形成庞大的商业化微型金融市场的重要原因。

欧盟各成员国的微型金融市场在法律和监管框架、经济实际、政策措施、金融部门结构等方面均存在差异。除银行业监管以外，对小额信贷机构和小额信贷借款人的立法，如税法或自主创业、利率上限、高利贷利率等方面的法律条文，都会对一国的微型金融发展产生重要影响，导致了欧洲微型金融具有各种各样的制度形式和业务模式。

欧洲微型金融网络（EMN）通过两年一次的行业调查，对欧洲小额贷款行业状况进行了研究。下文通过两份报告（2010年和2012年EMN市场调查报告）对欧盟金融行业特征进行介绍①。

2010年EMN调查报告显示，对近一半的受访机构而言，微型金融只是其整个业务活动中一个微小的组成部分。2009年，有57%的微型金融组织发放贷款不足50笔（一般是位于法国、德国、西班牙）；只有13%的微型金融组织发放了超过400笔贷款（大部分位于东欧，即保加利亚、匈牙利、罗马尼亚、波兰）。小额信贷的规模在220欧元至3.7万欧元之间，银行、非银行金融机构和政府机构所发放贷款的规模大于信用社、NGO、储蓄银行和基金会。2009年样本机构的平均贷款规模是9 600欧元。在2008年至2009年期间，欧洲小额信贷的数量首次出现负增长：贷款笔数的增长率为-7%，与2006年至2007年间的正向增长14%（EMN2008年数据）、2004年至2005年间的15%和2003至2004年间的11%（EMN2005年数据）相比有明显下降。同时，贷款金额从2008年至2009年增长了3%，意味着平均贷款金额有所增加。

EMN2012年调查报告显示，所有参与调查的MFIs在2011年发放了共计20.408万笔小额信贷，总金额为10.47亿欧元。位于欧盟成员国的组织共发放了12.237万笔贷款，总金额为8.72亿欧元。与2008年和2009年的调查结果相比，这标志着贷款笔数增加了45%，贷款总额上升了5%（与2009年相比）。大部分国家在2009年至2011年期间的商业贷款数量直线上升。在德国，贷款笔数增加了40%，在2011年达到1.1231万笔，波兰增加了43%，达到2.3732万笔，荷兰甚至增加了75%，在2011年达到了1 000万笔。在上述三个国家，贷款数量的增加都与引入或成立全国性的小额信贷供应计划有关。德国于2010年启动了一项新的由公共资助的全国

---

① 报告数据只覆盖了区域内约30%的MFIs，后一次调查纳入了一些在微型金融行业较为成熟的非欧盟国家，因此两次报告并不完全具有可比性。

性计划，波兰是将一个前 NGO 转型成为银行，而荷兰则是进一步加大了 2008 年成立的一个全国性提供商的业务力度。

2011 年所发放贷款的平均金额是 5 135 欧元，参与调查的欧盟成员国平均贷款金额是 7 129 欧元，与 2009 年的 9 641 欧元相比有所下降。在西欧，单个机构的平均贷款数量是 1 226 笔，在东欧（仅欧盟成员国）是 1 575 笔。东欧所有参与调查的组织（包括非欧盟成员国）的平均数量是 2 390 笔，显示出微型金融行业较成熟的三个非欧盟国家对数据的影响力。

所发放贷款的条款各有不同，而"个人贷款"是最普遍的方式（占比 92%）。平均利率是 11%，分布范围从 4%（法国、意大利和奥地利等国）到约 20%，巴尔干半岛国家的更高，比如，阿尔巴尼亚（18%）、波斯尼亚（24%）、塞尔维亚（35%）。平均贷款期限的分布范围与此类似，在平均利率低、平均金额高的国家，贷款期限最长，比如，奥地利（60 个月）、匈牙利（51 个月）、荷兰（52 个月）。贷款期限最短的是塞尔维亚（20 个月）、波斯尼亚和比利时（14 个月——让人意外）。

在所有参与调查的 MFIs 中，有 73% 是利用临险组合率（PAR）跟踪贷款组合的质量。这一发现清楚地表明，在对基本风险指标的汇报标准方面还有巨大的改进空间。所有国家 2011 年的平均 PAR（逾期 30 天）是 12%。在参与调查的欧盟成员国，平均 PAR 是 15%。此外，所有参与调查国家 2011 年的平均核销率是 6%，参与调查的欧盟成员国的平均核销率是 7%。所有数据都高于国际平均值。

（二）欧盟的行业发展举措

在过去十年间，欧盟采取了一系列行动，以支持微型金融的发展："增长和就业"倡议（1998～2000 年）、促进企业和创业的"多年度计划"(MAP,2001~2005年)和目前的"竞争力和创新框架计划"(CIP,2007~2013年),为金融机构(包括银行、担保机构和反担保机构)新的小额信贷组合提供风险保护。

"欧洲微型和中型企业联合资源"(JEREMIE)计划旨在拓宽金融服务获取途径,比如,利用欧洲结构基金的资金提供小额信贷。

欧洲微型金融发展基金(Progress Microfinance)于2010年启动,目的是提高小额信贷(低于2.5万欧元的贷款,用于建立或发展小企业)。Progress Microfinance 不直接为创业者提供资金,而是让挑选出的欧盟小额信贷提供商增加贷款,其主要方式为:(1)提供担保,从而分担提供商的潜在损失风险;(2)提供资金,以增加小额信贷业务量。

"欧洲支持微型金融机构联合行动"(JASMINE)项目于2008年启动,为挑选出的欧盟 MFIs 和小额信贷提供商提供技术援助,以提高其内部流程的质量。JASMINE 技术援助服务由以下部分构成:(1)由 Microfinanza Rating 或 Planet Rating 进行机构评估或评级;(2)由 Microfinance Centre(位于波兰的组织)的专家对挑选出的 MFI 的员工和管理层进行量身定制的培训。培训的重点是在评估或评级报告中所发现的薄弱环节。

2011年,作为 JASMINE 项目的一个组成部分,欧盟委员会推出了一项用以保证整个欧洲的小额信贷质量的工具——《良好行为准则》。在参与 EMN2012 年调查的机构中,有75%已了解该准则,其中有76%计划在其机构的一定层面上予以实施。

(三)各国的行业发展举措

2008~2010年,多个成员国通过立法或制定特定的制度和政策,促进了各成员国小额信贷行业和微型企业的进一步发展。值得一提的国家是意大利和葡萄牙,二者于2010年通过了有关创建非银行微型金融机构的法律。意大利制定了一份特殊的机构名单，这些机构可发放最高2.5万欧元、用于建立和发展创业计划的贷款。在葡萄牙，新法律制定了小额信贷金融公司的职能框架，可为SME（中小企业）、微型企业或难以从传统渠道获取信贷的个人发放最高2.5万欧元的贷款。

德国也实施了一系列重要举措。2008年，德国通过了有关成立创业有限责任公司的法律，作为初创企业的法人工具，初创企业只需要1欧元的最低名义资本就可以成立。与此同时，在2010年成立了总额为1亿欧元的德国小额信贷基金，作为2006年成立的德国微型金融基金的接替者。该基金可获取和管理风险资本，提供担保和承担信用风险。在爱尔兰，银行业界和爱尔兰企业局联合设立了一个国有机构，以帮助初创企业和业务发展，以贷款的形式为微型金融机构提供资金。

此外，马耳他在2010年启动了一项被称为"微投资"的项目。政府计划为SME和SFE（个体经营户）提供不超过2.5万欧元的小额信贷，以便为投资提供必要的流动性。还值得一提的是，微型金融机构的数量在罗马尼亚和波兰等国已经翻番，这两个国家对小额信贷都实行利率上限。

（四）新技术

P2P的兴起，为传统银行不会选择的项目提供融资途径。出于对小额信贷的需求和相对于银行贷款的优势（比如，低利率和便捷的获取途径），西欧的P2P贷款市场迅速膨胀。网上P2P贷款以较小的贷款规模解决了小微企业和个人的市场需求，与欧洲现有微型金融结构形成互补。P2P贷款为有需要的个人或借款人提供他们支付得起的服务，而这些人往往是不符合银行个人贷款资格的。

总之，随着金融服务在线应用程序的重要性日益加强，微型金融提供商也看到了适应这种新分销渠道的需要。面向消费者和个体经营户的网上融资产品的出现将进一步促使微型金融市场多样化,并挑战现有微型金融服务提供商的业务模式。新的通信和服务交付技术也为该行业服务其客户带来了新机遇。

三、日本

20世纪60年代,日本举办奥林匹克运动会极大地带动了经济发展,个人收入快速增加,消费增长加快,汽车、电器用品的分期付款产品较多,在此背景下,小额贷款开始起步。

(一) 日本微型金融行业的特征

1960年,无抵押无担保的个人贷款公司首先在大阪出现。由于金额小、无担保的小额信贷具有风险较大、收益较小的特点,直到70年代末80年代初都没有太大发展。80年代,一些外资非金融机构加入市场,竞争变得激烈。进入90年代,日本经济泡沫崩溃,因个人收入不足,需要借钱过活,消费信贷急速增加,消费金融公司(主要是小额贷款公司)迅速扩张并积极上市。随着小额信贷的过度竞争,严厉的催收等行为产生很多社会问题。日本政府不断加强监管,贷款利率上限从1983年之前的109.5%逐步下调到20%。小贷公司纷纷出现亏损并逐渐被淘汰。目前,大型小贷公司大都变成大银行的附属公司,而中小型银行则积极在小贷市场发展。

(二) 微型金融监管

在1983年之前,日本没有相关法律法规对微型金融领域进行规范监管,只要设立公司即可以经营。1983年5月13日,日本正式公布《贷款业规制法》,同年11月1日实施,规定消费金融公司等微型金融机构须向所属都道府县登记，同时最高贷款利率由109.5%降低至73%。因贷款利率降低，日本消费金融等小贷公司由1983年的23万家激减至1984年的3万家。

2000年6月，日本政府对《贷款业规制法》等相关法律进行修改，并对贷款公司的资格进行严格审查。对没有登记的公司（俗称地下钱庄）加以强化监管。再次将贷款利率上限下调至29.2%，贷款审查也趋向严格，小贷公司业绩大受影响。

2003年8月1日，政府又对《贷款业规制法》中的出资、押金、贷款利率等作出修改。2006年废除灰色地带等其他利息或收费，并对各种相关法令进行修改，以防止多重债务发生，并强化了小贷协会及从事小贷人员的有关规定。

2007年12月，鉴于贷款公司对日本经济社会所发挥的作用，日本将原来的《贷款业规制法》改名为《贷款业法》，并对相关规定进行了修正。一是提高准入条件，最低净资产额需达到5 000万日元以上。二是提高对从业者的要求。三是设立贷金业协会加强行业自治。四是将贷款利率上限降低至20%。五是废止相关扶持政策。

日本通过制定《分期付款销售法》、《贷款业法》和《破产法》等，建立了较为完善的法律体系，以保护金融消费者、救助债务人以及维护行业秩序。另外，日本还创建了消费信用教育和消费信用心理咨询制度。日本金融厅监督局对金融教育的目的有明确说明，并在学习指导中加入了很多金融教育的相关内容。与此同时，日本在消费信用心理咨询方面也设立了专门机构，并进行了充足的人才储备。

四、中国香港

香港微型金融主要是从事消费信贷业务的机构采取信用、抵押或担保方式，向个人消费者、个体工商户及中小企业提供的各种形式的贷款。信用贷款是消费信贷的主流，具有免抵押、免担保、额度低、还款期短等特点。银行或金融机构凭着申请人的工作、收入、家庭情况进行审核，加上其个人的征信报告，授以一次性的贷款额度，让消费者能在最短时间内取得贷款，及时消费。抵押贷款主要面向贷款额度需求大，而拥有可抵押资产的客户。抵押物一般是房产或汽车，部分金融机构也接受股权或股票作为抵押物。担保贷款是服务一些贷款额度需求大但又无资产可抵押的客户，主要通过具备资格的第三方作为担保人，共同承担违约责任。

20世纪70年代初期，香港开始有合法的融资服务机构以"贷款公司"的形式出现，不过规模都比较小。之后，一些较有规模的本地和外资财务机构陆续加入市场，如日本信用保证财务（JCG）、太平洋信贷（SPC），以及怡孚财务（UMF）等。一些本地银行也开始陆续推出私人贷款和个人透支服务，其中尤以香港上海汇丰银行（HSBC）最为积极。到了90年代，各大小银行都积极推出各式各样的消费融资产品，竞争进入白热化阶段。经过世纪之交的金融风暴，金融机构在面对高坏账的情况下重新制定风险管理措施，在竞争策略上更趋向多元化，市场步入成熟阶段。

（一）主要机构

1. 认可机构。包括持牌银行、有限制牌照银行和接受存款公司。其中，接受存款公司大部分由银行拥有或与银行有关联，主要从事私人消费信贷及证券等多种专门业务。这些公司只可接受10万港元或以上、最初存款期最少为3个月的存款。

2. 持牌放债人。放债行业在香港有着很长的历史，根据香港《放债人条例》的定义，"放债人"指任何经营放债业务或登广告声明或宣称或以任何方式表明从事该类业务的人。截至2013年7月底，香港持牌放债人有 1 048 家，申请牌照续期 263 家。香港放债人不吸收公众存款，仅经营放债业务，主要包括：个人及商业信贷；按揭；汽车、办公设备、重型机器、工厂租赁；信用卡融资、期票贴现；中小型企业贷款；抵押贷款；银团借贷等。

(二) 监管

1. 对认可机构的监管。对认可机构的监管主要通过香港金融管理局和香港银行公会实现。香港金融管理局是香港政府架构中负责维持货币及银行体系稳定的机构，香港金融管理局主要依据《外汇基金条例》和《银行业条例》的相关规定执行监管职责。

香港银行公会是根据香港法例第 364 章《香港银行公会条例》于 1981 年成立的法定团体。虽然香港的银行牌照是由香港金融管理局发出，但持牌银行必须成为公会会员，才能在香港特别行政区经营业务，因而同时受公会的规则所约束。各会员均须委派一名高级管理人员作为代表，出席公会的周年大会及各类会议。

2. 对持牌放债人的政府监管

在香港经营放债业务必须领有牌照，警方对牌照的发放起决定作用，与香港金融管理局没有任何关系。按照香港法例第 163 章《放债人条例》规定，任何人在香港经营放债业务必须领取放债人牌照，牌照管理在政府公司注册处。因为放债属于特殊行业，所以注册处会转到警务处查背景，警方对牌照发放起决定性作用。牌照有效期为 12 个月，到期必须换领牌照。《放债人条例》规定，无牌经营放债业务，将被罚款及监禁，由无牌放债人贷出的款项不受法律保护。

《放债人条例》参考香港当时的商业惯例制定了两层架构的利率限制，利率小于 48% 合法，大于 60% 违法，而利率小于 60% 大于 48% 是否合法，要取决于法官判断。这个区间法官有自由裁量权，所以香港的商业银行和放债人为了避免陷入官司，贷款利率都低于48%。对于刊登广告，《放债人条例》要求广告必须展示牌照内指明的放债人的姓名或名称，必须列明拟收取的年利率。

3. 对持牌放债人的自律监管

香港持牌放债人公会是香港放债行业的同业组织，成立于1999年12月。公会职责是维护和保障持牌放债人的整体利益，制订行业业务营运守则；鼓励放债人同业间的相互交流和合作，提高和促进放债人的业务操守和自律精神；在现行法律和《放债人条例》下就放债业事务到政府及有关机构进行游说、磋商，目标是争取成为一个有公信力及具影响力、权威性的代表和咨询团体，提高放债业的社会地位。

香港持牌放债人公会于2002年发布自律性的业务运作指引——《放债人营运守则》，其主要内容：

一是强调保障消费者权益。保障借款人对服务条款的知情权；保护客户数据的隐私；保障不同人群的平等信贷机会，不应歧视有残疾的客户，不可单纯以家庭状况（例如单亲）、性倾向、年龄或种族为理由歧视客户。

二是要求明确信贷评估的内容，确保贷款申请人明白借款合约的主要条款。放债人要在进行信贷评估、考察申请人的还款能力后，才可审批贷款或透支；放债人应向客户提供贷款的利率，利率在贷款期内是否会更改，制定利息的基准，必要时应包括年利率及计算用的每年（包括闰年和非闰年）的天数等信息。

三是对放债人雇用的追债外包公司行为的约束。放债人应与所聘用的追债公司建立正式的合同关系；放债人应在合同内或以书面方式明确，追债公司在追债过程中，不得对任何人在言语上或行动上作出恐吓或使用暴力。此外，放债人应规定追债公司不得采取骚扰性或不正当的追债手段。

五、尼日利亚

2005年12月，尼日利亚实施了"微型金融政策框架"。政策实施以来，微型金融领域得到一些改善，包括对利益相关者（如政府、监管当局、投资者、发展伙伴和金融机构）的认识有所提高，为微型金融提供的技术帮助也在增加。更重要的是，有866家微型金融银行获准成立。相应地，企业利用快速增长的微型金融服务获得了飞速的发展。

（一）尼日利亚微型金融的特点

目前，很多尼日利亚人仍然无法获得金融服务。一项研究表明，在尼日利亚，39 200万（占46.3%）成年人无法获得金融服务，超过53.7%的人很难获得，36.3%的人能从正规金融机构获得金融服务，而只有17.4%的人可以从非正式部门获得金融服务。此外，调查结果显示，尼日利亚的金融排斥程度分别高于南非、博茨瓦纳和肯尼亚26个、33个和32.7个百分点。

这一差距形成的原因有以下几个方面：首先，微型金融银行（MFBs）的分布不均，很多银行都集中在投资者认为商机大的区域；其次，很多银行还存在效率低下等问题；再次，缺乏微型金融知识和技能也影响到MFBs的表现；最后，由于吸收的存款不足，无法吸引商业资金以及未建立"微型金融发展基金会"等原因，可供MFBs使用的资金并不充足。为了改变这一状况，尼日利亚中央银行2007年实施了帮助MFBs进行能力建设的规划，寻求其合适的发展模式，在普及微型金融概念、维护MFBs稳定的同时，还着手对MFBs进行培育和指导。

(二) 微型金融政策的依据

2008年的全球金融危机对尼日利亚MFBs的影响非常严重。由于恶劣的经济环境，信贷额度变得匮乏，竞争更加激烈，很多客户无法偿还贷款，信贷风险增加。2009年的银行部门改革也使MFBs遭受冲击。许多客户意识到，如果对存款货币银行进行改革，MFBs也难独善其身，于是纷纷提款，导致一些MFB的经营陷入困难，甚至倒闭。

这些因素的影响严重妨碍了微型金融的发展，在此背景下，尼日利亚修订了2005年的微型金融政策。修订微型金融政策主要依据以下几个方面的原因：

一是机构能力薄弱。许多社区银行等微型金融机构由于管理不善、缺乏清晰的操作流程、内部控制薄弱、缺乏严格的监管要求以及缺乏存款保险计划等原因，长期表现欠佳。

二是缺乏技术平台。为了压低成本、实现规模经济，微型金融机构往往缺乏对信息交流技术（ICT）网络平台的投入。

三是薄弱的资金基础。薄弱的资金基础制约了微型金融机构服务客户的能力。

四是存在巨大的金融服务空白市场。现存的金融机构尚未提供服务的市场规模非常大。EFInA 2008年的调查显示，在尼日利亚，总人口的79%未获得银行服务，其中超过86%的是农村居民。2005年，尼日利亚小额信贷总量只有GDP的0.2%，不到经济总信贷量的1%。这表明，提供的金融服务与大量穷人和低收入家庭的需求之间存在巨大差距。如果这一问题得不到及时解决，将进一步加重贫困，减缓发展速度。

五是客户金融知识贫乏。发展微型金融的基本目的包括完善普惠性的金融系统，建立持续的金融意识。因此，应使客户认识到，银行和其他资金提供者不仅仅是贷款和预付款的来源，而是生意伙伴。

六是赋予中低收入群体经济权利。众所周知，微型、小型和中型企业能创造就业机会，对减轻贫困有重大贡献。但是在尼日利亚，受无法获得金融支持所限，小微企业难以通过新成立、扩张或是重组现有业务来创造就业机会。

七是对增加储蓄机会的需求。由于缺乏适合的储蓄机会和产品，储蓄的增长率很低，特别是在农村区域。大多数穷人把他们的资产放在枕头底下或以其他类似的方式存放。这种方式的存款风险大、回报低，而且无法将这些资金配置到有需求的地区。微型金融政策将提供储蓄机会，并促进开发安全、便捷的储蓄产品，吸引农村客户，进而提高整体储蓄水平。

八是本地及国际投资者对微型金融的兴趣日益提升。很多本地及国际的投资者对尼日利亚的微型金融部门表现出了投资兴趣。因此，建立一个微型金融政策框架能为他们提供一个机会，借此参与到低收入群体和穷人的融资及经济活动中。

九是银行服务方面的地域歧视。现有银行大多数位于城市中心，尼日利亚曾试图鼓励一些银行到农村地区开设分支机构，但没有达到预期效果。由于在尼日利亚还有很大比例的人群生活在农村，形成一个机制性的框架以帮助那些至今无法获得银行服务的人群是必要的。

(三) 微型金融政策

1. 政策宗旨。(1) 为经济上活跃的穷人提供多样的、能负担的、可靠的金融服务，帮助穷人从事并发展长期稳定的企业活动。(2) 为经济上活跃的穷人创造就业机会，提高生产力，进而增加他们的家庭收入，提高生活水平。(3) 促进非正式的微型金融部门融入到正规金融系统中发挥协同作用，进而确保穷人有效地、系统性地、有重点地参与到社会经济发展和资源分配中。（4）加强微型金融机构向中小微企业兑付资金的服务，以及支付薪金、退休金、抚恤金等尼日利亚中央银行批准的项目。（5）吸收存款并转移到农村地区。（6）增强微型金融机构之间的联系，以及增强 DMBs、DFIs 以及专门提供资金的机构之间的联系。（7）为微型金融提供者打造一个有效的平台，用以交流产品和业务流程方面的相关经验。

2. 具体政策目标。（1）经济上活跃的穷人获取的金融服务每年提高 10%，进而创造数百万个工作机会，缓解贫困。（2）至 2020 年，将小额信贷在经济总信贷量中的占比由 2005 年的 0.9% 提升到至少 20%；同时，小额信贷在 GDP 中的占比由 2005 年的 0.2% 提升到至少 5%。（3）至 2015 年，确保所有州、联邦首都区以及至少三分之二的地方政府区都有微型金融活动参与。（4）减轻性别歧视，保证妇女获得贷款的比例每年提升 15%，高于平均值 5 个百分点。

3. 政策措施。

许可和监管。中央银行应该批准并监管那些意图转型为 MFBs 的微型金融服务提供者的行为。中央银行应该确保所有授予许可的 MFBs 获得充足的资本，并以安全、合理的方式运营。

持续专业的发展。职业化、透明度以及良好的管理是微型金融发展的基石。因此，应该努力提升微型金融机构监管者、经营者和董事的技能。鼓励建立支持微型金融发展壮大的机构。

吸收存款。通过"金融知识和消费者保护项目"，在低收入家庭中增强储蓄和办理银行业务的意识。

政府参与。加强联邦、州以及地方政府对微型金融系统的参与。鼓励这三级政府每年至少拿出 1% 的预算投入到小额信贷发展中，通过道义劝说、宣传和教育相结合的方式，更好地管理 MFBs。

发展基于非政府组织的微型金融机构。不吸收存款的微型金融机构应该继续积极支持微型企业，并且出于统计上的需要鼓励微型金融机构向中央银行定期提交业务收益数据。鼓励那些达到最低资本金监管要求和客户数的机构转型为具有许可的 MFBs。

与发展伙伴合作。根据这一政策规定，应该协同并密切监督捐赠者在微型金融领域的捐助。

加强机构间的联系。包括 DMBs、DFIs、NGO－MFIs 和 MFBs 之间的联系，以及其他微型企业融资机构之间的联系，以提高客户资金的流动性。

4. 微型金融政策手段。吸收存款的微型金融机构必须遵守严格的审慎监管要求，以获得成为 MFB 的许可。

5. 微型金融银行的分类。可分为三类，分别是：（1）区级微型金融银行。只允许在一个地点营业。要求具有最低 2 000 万奈拉的实收资本，不允许设立分支机构和现金中心。（2）州级微型金融银行。可以在一个州或联邦首都区内经营。要求具有最低 1 亿奈拉的实收资本，可以在同一个州或联邦首都区内设立分支机构，设立新的分支机构前要获得中央银行的书面同意。（3）国家级微型金融银行。可以在多个州，包括联邦首都区内运营。要求具有最低 20 亿奈拉的实收资本，可以在所有的州及联邦首都区内设立分支机构，设立新的分支机构前要获得中央银行的书面同意。

6. 转型路径。区级 MFB 转型为州级 MFB 需要换取州级 MFB 许可执照，并遵守规定的相关要求。州级 MFB 转型为国家级 MFB 必须在本州的各个地方政府区域具有至少 5 个分支机构。这是为了确保 MFB 已经具备管理一家国家级 MFB 所必需的经验，还要求它满足其他规定的要求。

7. 微型金融银行的所有权。微型金融银行可以由个人、群体、社区发展协会、私人企业实体、非政府组织以及国外投资者设立。个人、群体、他们的代理人或企业实体，以及他们的下属公司，都不能控股多于一家 MFB，除非得到尼日利亚中央银行的许可。

（四）金融机构参与微型金融活动情况

存款货币银行（Deposit Money Banks）。愿意从事微型金融服务的 DMB 可以通过设立专门的部门，或提供微型金融产品来参与微型金融市场。拥有一家商业银行的控股公司投资或控股一家 MFB 不受限制。

非政府组织成立的微型金融机构（NGO – MFIs）。这一类只进行贷款业务、基于会员制的微型金融机构不需要受到中央银行的监管，但是，它们受到相应政府部门的监管。这些机构能向它们的目标人群提供小额信贷服务，但是不能吸收公众存款。基于统计目的，注册的 NGO – MFIs 需要向中央银行定期提交盈利情况。希望获得 MFB 经营执照的 NGO – MFIs 需要满足 MFBs 监管指南规定的条件。

微型金融银行和机构的行业协会。中央银行应该支持微型金融银行和机构的行业协会促进自我监管，形成统一的标准，达到良好的透明度和公司治理。这些协会也要为能力建设、产品发展、市场营销和资源共享提供平台。

NGO – MFIs 和金融合作社的转型。NGO – MFI 或金融合作社如果想要以 MFB 的模式运营，可以合并一家附属的 MFB，但仍以非政府组织形式存在，或者通过转型为 MFB 来实现。它们必须获得经营许可，并满足 MFBs 监管指南规定的条件。

（五）微型金融的监管框架

1. MFB 的许可和监管。尼日利亚中央银行负责对微型金融银行发放许可。一个获得许可的机构需要在它的名称后面加注"微型金融银行"。所有这类名称的机构都要在公司事务委员会（CAC）登记注册，并遵守《公司及相关事务法案（1990）》。中央银行授予的许可上会标明这家 MFB 是区级、州级还是国家级。

2. 修订的 MFB 监管指南。中央银行为 MFB 的运营制定了监管指南。所有的经营者都要熟悉这个指南，并遵守相关规定。

3. MFB 的最低运营标准/模板。尼日利亚中央银行制定了一个模板供 MFB 的经营者借鉴。这个模板在公司治理、业务规划、产品、服务和风险管理等方面提供了指导。

4. 建立国家微型金融政策咨询委员会。中央银行成立了国家微型金融政策咨询委员会（NMFPCC），为执行和监控这一政策提供指导。中央银行有时会变动委员会的成员。秘书处设在中央银行的金融发展部。

5. 征信局。鉴于微型金融业务的特殊性，经营者要向征信局提供并从征信局获取信用信息，来辅助其决策，降低信贷风险。

6. 评级机构。中央银行鼓励设立私营评级机构，为微型金融机构评级。

7. 存款保险制度。作为保护存款者资金和加强公众信心的一种方式，MFB 应具备由尼日利亚存款保险公司（NDIC）为其提供存款保险的资格。

8. 能力建设计划。（1）微型金融认证计划。为了填补技能上的差距，需要为 MFBs 的经营者和董事建立一个合适的能力建设计划。中央银行已经制定了微型金融认证计划（MCP），来保证员工获得正确的微型金融业务技能。此外，强制性的持续职业教育（MCPE）规定，要按时更新 MFB 员工在微型金融放款方面的相关技能。（2）员工发展计划。每家 MFB 都要制定年度预算计划，用于员工发展和能力建设。（3）微型金融发展基金会的能力建设。微型金融发展基金会一旦建立，就应该提供资金用以支持微型金融的能力建设。（4）行业协会的能力建设。应该通过微型金融的行业协会与发展伙伴合作来促进能力建设。

9. 联系计划。向 MFI 提供批发基金，能够使其扩大服务范围。据此，中央银行将制定用来培育 DMBs、DFIs 以及一般的 MFIs 和 MFBs 之间联系的计划，使 MFBs 和 MFIs 获得批发基金和再融资资金，用来转贷给它们的客户。此外，在此政策下，MFBs 和 MFIs 要与创业发展中心和微型企业建立密切联系。

10. 微型金融发展基金会的建立。为了促进微型金融的发展，为 MFBs 和 MFIs 提供批发基金，中央银行需要建立微型金融发展基金会。该基金会应该受到专业的管理以实现可持续发展，将在再融资/担保融资、能力建设、金融教育和其他促进活动为子部门的发展提供必要的支持。基金会将由联邦政府和中央银行提供的一项种子基金建立，并通过来自国际发展融资机构以及多边和双边机构的平台来运作资金。

11. 审慎性要求。中央银行意识到，微型金融业务具有其特殊性，应该相应地实施恰当的审慎监管制度以指导 MFBs 的业务操作。这些审慎监管要求包括：强制投资于国库券、流动比率、资本充足率、长期投资、分支机构的扩张、资本金的维持、单一借款人及关联方的贷款限制、最大的股权投资人持股比例、分类资产的拨备、无抵押贷款的限制，等等。

12. 资金来源的披露。MFBs 应该按照《反洗钱法（2004）》的要求披露其资金来源。

13. MFIs 的公司治理。所有的 MFIs 都要遵守基本的公司治理原则。MFBs 的董事会对公司的治理负主要责任，要建立战略目标、政策和程序，以及合规管理的监控机构来指导业务操作。

14. MFBs 和 MFIs 的行业协会。为了促进自我监管，形成统一的标准，达到良好的透明度和公司治理，中央银行应该支持微型金融银行和机构的行业协会。这些协会也要为能力建设、产品发展、市场营销和资源共享提供平台。

15. 激励措施。政府、中央银行和其他利益相关者将建立微型金融发展基金会，在可承受的基础上支持 MFBs 向它们的客户提供金融服务，向 MFBs 的员工提供有补助的培训或能力建设项目。利息退税计划的范围扩展到 MFBs 从事农业和相关经营的客户。中央银行将联合相关政府部门和机构，以及其他利益相关者，为 MFBs 和 MFIs 提供有利的运营环境。

（六）各利益相关者的角色和职责

1. 政府。确保一个稳定的宏观经济环境，提供基本的基础设施（电、水、公路、交通等），保持政治和社会稳定；建立有效的土地管理制度，便于土地所有权和其他产权转让，满足借款人和金融机构的抵押需求；推动消费者保护政策，促进对微型金融客户的金融知识普及；联邦、州、当地政府要在各自的年度预算中预留至少 1% 的资金用于小额信贷。

2. 尼日利亚中央银行。监控国家微型金融政策咨询委员会的运营；确保微型金融政策框架的执行达到既定目标、指标和策略；通过恰当的监管确保微型金融机构实现可持续发展；联合相关公共部门和私人部门的中小微型企业发展机构，以及民间社会组织（CSOs），共同促进金融知识普及和消费者保护；定期评估微型金融政策和监管指南，以解决新出现的问题。

3. MFIs 和 MFBs 的行业协会。促进自我监管；确保统一的标准、透明度，以及开展微型金融业务时良好的业务操作；为同业比较、能力建设、通用产品开发、市场营销和资源共享提供网络平台；确保协会成员向中央银行提交业务收益情况；协同其他利益相关者促进金融知识普及和消费者保护。

4. 公共部门扶贫机构。向难以获得金融支持的和最贫困的穷人提供非商业的（社会保障）资源；自身能力建设；培育新的 MFIs,

以实现微型金融行业可持续发展。

5. 捐赠机构和发展伙伴。为微型金融行业发展提供资金支持的捐赠机构和发展伙伴应该在此政策的规定下运营。

（七）结论

尼日利亚微观经济层面上的金融服务存在巨大的未开发市场，政府于 2005 年实施了微型金融政策，试图填补这一空白，而这一政策主要关注由私人部门驱动的安排部署和微型金融银行的建立，不具备可持续性。2005 年以来，微型金融发展混乱，MFBs 服务范围由 35% 扩大至 53.7% 的同时，出现了明显的使命漂移现象。在这种背景下，尼日利亚对 2005 年的微型金融政策进行了修订，以应对这一挑战。在修订后的框架下，要求 MFBs 具有充足的资本金、良好的布局、低成本的运营结构以及安全合理的业务方式。

六、埃塞俄比亚

埃塞俄比亚是一个拥有 7 680 万人口的非洲国家，其中 76.8% 的人口生活在农村地区并且以农业为生。贫穷和失业是该国面临的主要问题。该国政府一直努力解决贫困问题，发展微型金融就是其中的一种方式。1996 年以前，针对低收入人群和小企业的贷款主要是由政府项目或者非政府组织合作来提供。由于认为贫困人口承担不起较高的市场利率，这些政府项目一般只收取较低的补贴利率。但是大部分项目仍然遇到了低偿还率、高拖欠率的问题，而且非政府组织在清收贷款方面并不努力，也造成了储户的损失。另外，这也阻碍了守信意识在该国农村地区的形成。

（一）埃塞俄比亚微型金融的特点

埃塞俄比亚的传统金融机构对低收入人群获得贷款资源设置了较多的限制，贫困人群往往只能通过微型金融中介获得金融服务。为了使低收入人群能够有一个稳定的获得微型金融服务的渠道，该国于1996年发布了微型金融机构许可和监管法案，并于2009年进行了修订。法案发布后，埃塞俄比亚国家银行批准成立了30个微型金融组织，有230万客户可以通过微型金融组织的433个分行和598个分支机构获得金融服务。但相关研究显示，这仍只覆盖了10%～15%的金融需求。

自1991年埃塞俄比亚社会主义政府垮台之后，该国的金融系统也经历了一次大的变革，主要是由计划方式向市场方式转变。改革之前金融机构全部为国有，私人不允许开设金融机构，因此金融体系内不存在竞争。自1992年启动改革进程后，政府实施了一些重要的改革措施，包括实施金融部门自由化、放松外汇管制、取消利率管制、建立新的金融系统监管框架等。

埃塞俄比亚的金融系统一般分为三类：正规、半正规和不正规的金融系统。正规金融系统一般组织体系完善且主要针对城市地区提供金融服务，受到金融监管。埃塞俄比亚的正规金融系统包括银行、保险公司和微型金融机构。2009年末，埃塞俄比亚共有12家商业银行、1家政府拥有的发展银行、12家保险公司和30家微型金融机构。储蓄和信用公司被认为是半正规机构，不受监管。未经注册的非正规金融机构如Equib、Eddir等也不受监管。

（二）监管框架

1. 监管目标。埃塞俄比亚国家银行的目标是保持汇率和价格的稳定，构建一个健康的金融体系。微型金融机构作为正规金融系统的一部分，要接受埃塞俄比亚国家银行的监管。对微型金融机构的监管目标包括：保护小额储户，确保微型金融部门的完整性和稳定性，促进微型金融机构的高效经营。

2. 监管的关键原则。所有对银行的监管主要关注金融体系的稳定性，同时考虑金融中介的安全和稳健，并保护小额储户；审慎监管侧重于交易而不是机构；微型金融监管基于特定的技术和技能，这种技术和技能不同于商业银行的监管；效率方面，监管的负面影响应该降到最小；所有的监管方法和实践都应该符合成本效益原则；监管干预程度应该与金融机构的风险及预期收益相一致；银行应该越来越多地使用第三方，如来自外部审计师和精算师提供的信息，并以此来改善自身的业绩标准。

3. 具体监管要求。埃塞俄比亚金融体系的监管框架包含了国家银行公布的第2008（591）号条例，银行业监管许可第2008（592）号条例，保险业和微型金融业监管许可第2009（626）号条例。埃塞俄比亚国家银行在第2008（591）号条例中宣布，国家银行具有对银行和其他金融机构进行审慎监管的权利。这些条例还发布了一整套对微型金融机构的许可、登记和监督的要求。微型金融机构的监管指标共有三大类19个，具体如下：

（1）经营活动范围。吸收存款；将信用扩大到农村和城市周边农民，以及微型企业；在国内发放和承兑汇票；国家银行所规定的微型保险业务；购买能产生收益的金融工具，比如国债和其他创收活动；获取、维护和转让动产和不动产；支持城乡的微型创收项目；给客户提供管理、市场、技术和行政方面的建议，并帮助他们在这些领域获得相应的服务；为小微企业管理资金；提供转账服务；提供金融租赁服务。

（2）准入要求。包括最低资本要求、所有权的限制、可行性研究报告以及微型金融机构董事会和总经理必须履行的职责。

① 最低资本要求。埃塞俄比亚创办微型金融机构的最低资本要求是 20 万比尔，约 2.3 万美元，是全世界最低的。这最初是为了鼓励投资者、地区政府和致力于微型金融服务的企业。但是最低资本要求太低，导致微型金融机构不能承受外部冲击。此外，小型金融机构数量过多增加了国家银行的监管负担。

② 所有权限制。微型金融机构必须由埃塞俄比亚国民所有，外国公民不得在埃塞俄比亚投资金融部门，包括微型金融机构。微型金融机构的股东大多来自地区政府、社团协会、个人或非政府组织。

③ 可行性研究报告。申请人需要提交申请书，以及第一年的运营说明、业务规划（包含提供的主要金融服务、地区经济条件、现金流动性、所有者权益说明和资产负债表）以及董事会和总经理的补充文件说明。

④ 高管任职资格。依据微型金融机构第 03/96 号文件，总经理必须拥有社会科学领域的第一学位，并在金融机构或相关行业工作至少 3 年。

(3) 运营监管规定。

① 资本充足率。依据微型金融第 2002（16）号文件规定，单一客户存款大于或等于 100 万比尔的微型金融机构，最低资本充足率须长期保持在 12% 的水平。相比于商业银行 8% 的资本充足率要求，对微型金融机构的要求更严格。这是因为小微信贷具有多变性，且由于缺乏抵押品而风险更高。

② 流动性要求。流动性要求的目的是使微型金融机构保持充足的流动性水平，以满足所有能预测和不能预测的债务，提高公众的信心。所有微型金融机构需要保持法律规定的最低现金流量，即所有存款的 20%。活期存款超过 100 万比尔的微型金融机构，其流动性比率要求是 20%，高于商业银行 15% 的标准。

③ 贷款损失准备金要求。根据微型金融第 96（05）号文件，逾

期一年未还款的贷款被认为是呆账或损失，拖欠超过 6 个月的贷款被视为可疑贷款。对存款总额在 100 万比尔（含）以上的微型金融机构的要求是：分别提取 25% 的标准贷款准备金、50% 的可疑贷款准备金和 100% 的损失准备金。对存款总额在 100 万比尔以下的微型金融机构的要求是：提取 50% 的可疑贷款准备金和 100% 的损失准备金。准备金应该与贷款期限、抵押品的风险相一致。

④ 分支机构建立。微型金融机构建立新的分支机构不须经央行批准。但要在 15 日内向央行提交新分支机构的运作情况，包括新地址、开业时间、地区经济条件等。该要求是为了确保建立分支机构经过了审慎的市场分析和可行性研究。若由于经营效率低、不良贷款率高或其他原因，使得微型金融机构有关闭分支机构的意图，他们要在实施关闭之前通知中央银行。

⑤ 贷款限制。第 2009（626）号公告允许微型金融机构向团体和个人扩大贷款，还允许微型金融机构在没有抵押担保、附属担保或合理的个人和团体担保的情况下经过机构慎重的考虑而增加贷款。当前，很多微型金融机构发放团体和个人贷款，但是传统借贷还是占主导地位。微型金融机构对任何个人或团体增加的贷款，都不应超过机构总资产的 1% 和 4%。

⑥ 报告的频率与内容。微型金融机构需要上报季度财务报告，如利润表、资产负债表，并以国家银行指定的格式报告贷款、储蓄以及贷款损失和贷款准备金的情况。此外，微型金融机构还要按季度上报资产流动情况和在每季度结束后的 3 周内上报资本充足率。对在农村地区分布较广的微型金融分支机构采取的政策比较宽松，因为一些机构由于管理信息系统的不足和农村分支机构网络的扩大，很难遵从中央银行对于报告的规定。

⑦ 投资约束。微型金融机构的投资额不能超过其股本的 10%。在获得国家银行许可的条件下，微型金融机构在任何一个行业的产

权投资被限制在该机构净利润的3%以内。

⑧ 利率。直到1996年，中央银行才放开利率管制。中央银行只保留了最低存款利率要求（4%），贷款利率定价则由微型金融机构自行决定。

⑨ 税收。只要微型金融机构从其业务中获得利润并且分配给股东就需要缴纳利润税，完全的再投资不需要支付利润税。

⑩ 外部审计报告。在向股东分配股利之前，微型金融机构的财务报告应该由中央银行认可的独立审计部门进行审计。中央银行可以决定外部审计机构的最低标准、审计的深度和时间跨度。根据2002年微型金融监管第14条指令，微型金融机构需要在会计年度结束后6个月内向中央银行递交外部审计报告。

⑪ 处罚。第2009（626）号文件对微型金融机构的董事、高级管理者和员工的各种处罚措施作出了明确的规定。任何微型金融机构违反任何法律法规都要接受3 000比尔的处罚。若微型金融机构被处罚3次，央行就会免去其首席执行官的职务。

（三）监管方法

1. 非现场监管。国家银行对微型金融机构的非现场监管主要是通过季度报告来评估微型金融机构的财务状况。非现场监管的检查资料包括：收入支出报告、资产负债表、资本充足报告、流动性报告、信贷供应情况报告。为了完成非现场监管，微型金融监管机构建立了数据库。所有金融机构的财务状况是根据资本充足性、资产质量、收入和流动性分析与估算作出评估的。

对微型金融机构进行非现场监管存在的主要问题是：对微型金融机构财务状况的估算存在信息不对称性、报告缺乏标准形式和指导方针、微型金融机构报告延迟、缺乏非现场监管手册等问题。此外，在现行报告的形式下，不要求微型金融机构报告在常规报表项目中不显示的内容。

2. 现场监管。在现场监管期间，负责微型金融监管的人员进驻所要监管的微型金融机构，检查给国家银行所提交报告的准确性和基于 CAMEL 原则的总体性能评估。现场检查有助于国家银行掌握微型金融机构是否履行审慎监管标准，并可得到第一手信息。

为了从根本上提高其监管效率，埃塞俄比亚国家银行正在进行业务流程再造工程的研究。目前对银行的监管主要是依赖于微型金融机构以往的具体情况。现在已经准备采用基于风险的监管方法，该方法专注于对微型金融机构应对目前和未来风险的能力评估。

3. 对银行和微型金融机构监管方法的不同。对传统银行实行的基于风险的监管与在微型金融机构中实施的监管是有联系的。但微型金融机构的风险情况与其他银行有很多不同，因此，在实际监管过程中已经注重区分传统银行与微型金融机构的不同之处，包括它们各自的客户、贷款类型和储蓄产品、发放贷款的风险等。

4. 外部审计和内部审计在监管中的作用。由于外部和内部审计增加了现场检查花费的时间和成本，现在埃塞俄比亚已经开始加强外部和内部审计的监管能力。在该领域，国家银行已经聘请了高级顾问。

（四）结论

对微型金融机构审慎监管的主要目标是：保护储户；确保金融部门的完善和稳定性；提升微型金融部门的经营效果。若审慎监管不关注这些目标，则会消耗一些稀缺资源并给微型金融机构创造不必要的负担，甚至影响微型金融部门的发展。

埃塞俄比亚已经为微型金融活动建立了具体的监管规则框架。第1996（40）号条例以及替代它的第2009（626）号条例，还有埃塞俄比亚中央银行发布的一系列条例为微型金融监管建立了相关原则、准则和标准。政府和国家银行已经通过利率市场化、提高贷款规模和期限限制、允许微型金融机构在他们的审慎考虑下扩大贷款规模、引进资本等逐步提高监管框架的适用性。埃塞俄比亚国家银行目前还实行了业务流程再造来提高当前监管水平。

埃塞俄比亚的微型金融监管框架是具有传导性和促进性的,微型金融机构在规范化过程中获益良多。具体来讲,规范化为非银行类特定金融机构的创立创造了可行环境,使得微型金融机构能够提供储蓄和转账等各种业务,促进了微型金融部门的标准化和透明性,使得微型金融机构能够从银行借款,推动微型金融服务从补助性信贷向商业性行为转变,促进了微型金融机构的发展。有了更广泛的资金来源,规范化的过程增强了它们的业务延伸性,扩大了贷款规模并稳定了资金来源。

尽管如此,这并不意味着监管框架没有受到挑战。挑战主要来自于:所有权和管理问题、微型金融机构管理信息系统和内部管控机制较弱、中央银行缺乏充足的监管能力。

七、坦桑尼亚

坦桑尼亚是一个地域广博、人口稀疏的国家,金融基础设施不发达。它有着大约 3 600 万人口,75% 的人口居住在农村地区并且极大程度上依赖于小农经营。坦桑尼亚政府面临的主要挑战是如何有效地减少贫困人口。提供普惠性的金融服务被看做是实现缓解贫困目标的一个中心内容。

(一)坦桑尼亚微型金融的特点

坦桑尼亚 1986 年开始改革中央计划经济体制。作为经济改革活动的一部分,1991 年开始金融部门的改革,旨在建立一个可持续发展的、高效率的、切实有效的金融体系。具体来说，这项改革包含放宽利率限制、消除行政信贷配给、加强中央银行的监管功能、重组国有金融体系并允许私有金融体系进入等内容。

改革提高了银行部门的效率和竞争能力，但也导致了金融服务的不均等。大部分坦桑尼亚人无法获得基础金融服务。这迫使政府着手推动微型金融服务发展，旨在建立一个有着更广泛基础的、包含多种可持续发展机构、拥有多样化金融产品的金融体系。

1996年开始，政府通过坦桑尼亚银行来调动公众参与微型金融的积极性。许多机构进入微型金融市场，增加了服务提供机构（同时包含受监管的和不受监管的机构）的种类，包括银行和非银行金融机构、NGO、储蓄和信用合作社（SACCOS）等。

1997年，为了增强政府对于微型金融的支持，坦桑尼亚银行被确定为其主管机构，作为政府的授权部门和对银行系统的监管机构，代表政府推动关于微型金融的政策以及法律评估、监管框架的规划进程。

(二) 微型金融政策框架

国家微型金融政策（NMP）在2000年3月得到了国会的支持，2001年2月正式推出。该项政策制定了一个通过微型金融利益相关者推动行业发展的框架。为了鼓励利益相关者参与，这项政策制定的过程采取了公开的方式，由全国性的、开放式的关于金融服务需求的调查开始，吸引了基层利益相关群体的注意。随后开展了公众认知运动、利益相关者研讨会、专家讨论会和相关会议，并组织部分从业者、政策制定者以及议会成员去玻利维亚和印度尼西亚进行学习活动，确保他们正确理解国际公认的微型金融的最佳实践准则。

为了实现可持续发展并且确保该领域的最佳实践，NMP包括三种相关工具，分别为监管、标准的制定和应用以及能力建设。其中，监管工具的特征如下：

- 微型金融将不断地发展成为金融系统中的一个完整部分，因此它的发展需要采用系统的方法；
- 微型金融是国家金融市场的一部分，而国家金融市场的行为是由市场力量决定的；
- 微型金融可以由多种机构（包括商业银行）采用多种服务方法来参与；
- 微型金融服务提供者应该处于政策实施的核心位置；
- 政府的角色是创造一个行业发展的机制，而不是提供金融服务。

（三）微型金融监管框架

1. 监管法规

坦桑尼亚微型金融机构包括银行和多种非银行金融机构、NGO、SACCOS 等。由于所有这些机构都在同一个市场中运行，所有人都须遵守最佳的实践准则，否则竞争就会导致在小额信贷业务上的不公平甚至"掠夺性的"实践。

关于金融法律以及其他相关法律的分析显示，没有必要对微型金融进行特别立法，因为现有的法律框架确实没有对微型金融运作形成障碍。并且，有人认为把微型金融合并到现有的关于银行系统的法律框架可以促进微型金融整合到更广阔的金融部门之中，从而鼓励创新和竞争，而且可以减少与现有监管框架的冲突，也可以减少监管套利的可能性。但是，为适应微型金融机构的特点，现有法律框架需要做一些修正，包括客户的身份识别、信用信息、合同透明度、最低资本要求和风险防范等内容。坦桑尼亚制定了《微型金融公司和小型信贷活动管理条例》（2005）、《金融合作社管理条例》（2005）、《储蓄和信用合作社管理条例》（2005），并对已有的非政府组织管理条例、独立审计监管条例和内部控制与内部审计监管条例进行了修正和调整。针对微型金融的调整包括：

（1）对于专门从事微型金融机构的批准。基于微型金融领域对私人投资者吸引力较低的事实，微型金融机构审批框架允许非政府组织及其战略合作伙伴在微型金融机构中的持股数量可以达到66%，而银行或其他金融机构的持股上限只有20%。

（2）引入对SACCOS以及其他社员制组织的专业监督管理。由坦桑尼亚银行批准设立和监管。

（3）引入关于客户身份证明和信用信息的系统。这一修正案要求坦桑尼亚银行为银行和金融机构（包括微型金融机构）建立一个信用信息系统。该系统将包含坦桑尼亚银行管理的私人信贷信息系统以及由银行管理的数据库。

（4）与会计准则相关的修正案。要求坦桑尼亚银行发布能够被所有的银行和金融机构都采纳的会计手册。相似的会计和审查标准也应当应用于储蓄和信用合作社。这一条款的提出旨在增强透明度并创设一个公平竞争的环境。

（5）公平的借款和放款权利。对于银行和金融机构来说，还没有一个特定的关于公平放贷的管理条例。然而，在关于微型金融机构的管理条例中，包含这样一个条款是必需的。这样做的目的是保护那些无力支付评估手续费或借贷成本的小借贷者。出于这种考虑，法律框架要求：

- 向客户公开真实成本；
- 在合同或是借款条件变更时保护客户利益；
- 授权坦桑尼亚银行制止滥用贷款清收行为。

（6）关于共同合作的规定。为了促进金融服务扩张，特别是农村地区金融服务的扩张，修正案规定银行和金融机构应与在微型信贷中未受管制的机构，例如非政府组织、存款和信贷机构等开展合作。

（7）信息披露要求。修正案关注的另一方面是金融信息的披露，旨在增强透明度和公开度。

2. 监管方针

（1）为保护存款者和金融系统，应用于其他金融机构的监管准则同样适用于微型金融；

（2）为了适应微型金融的特点，管理条例要作出适当的调整；

（3）只有那些被批准可以从公众以及其他金融机构中吸收存款的机构才被监管；

（4）对于社员制的组织来说，那些超过最小规模的组织的监管应由相关监督机构决定；

（5）监管应该关注贷款组合的整体风险以及管理体系的质量；

（6）在监管机构评估了相关要求和问题之后可以作出关于最低资金以及准入要求的规定。

3. 监管工具

微型金融监管条例关注与微型金融行业相关的特定风险。由于信用风险是金融机构的主要风险，特别是对于贷款主要是由大量小额无抵押贷款组成的微型金融机构来说，更多的注意力应放在信用风险方面。此外，微型金融的客户在大多数情况下无法提供他们的商业信息，因此在某些方面，这些监管条例比对主流银行机构的类似条例更为严苛。另外，考虑到坦桑尼亚的微型金融行业发展得并不成熟，该监管框架包含的条款主要是为了提升金融服务的广度和深度，以及扩大多种机构的进入。

（1）与微型金融机构相关的审慎监管包括最低核心资本要求以及其他许可条款，如借贷限制、资本充足率、资产质量以及信息披露要求等。

有全国性分支机构网点的微型金融机构最低核心资本要求是8

亿坦桑尼亚元（约合80万美元），不设分支机构的微型金融机构最低核心资本要求是2亿坦桑尼亚元（约合20万美元）。最低核心资本要求是为了确保微型金融机构有必要的基础设施和技术，并有吸引称职员工的经济能力。其实，在非政府组织转型为微型金融机构的初始阶段，与最低资本要求相关的条款已经被提出。

微型信贷的审慎监管条例对于所有从事微型金融活动的银行和金融机构都是适用的。出于监管目的，所有这些机构都应报告它们的小额信贷组合信息。为了防止监管套利，监管条例还对"微型信贷"给出了明确的界定。条例也同时就分类和相关条款进行了要求。这些对于微型信贷的分类和条款比那些商业借贷的条款更为严苛，因为对于未担保的借款，一旦出现了违法行为和操作错误，立即采取措施是极为重要的。

所有从事微型信贷的机构都要采用规定的方法区分客户身份信息，并且以规定的格式将所有贷款信息向信用数据库汇报。由于微型信贷的经营通常是高度分散的，该监管条例同时要求这些机构的借贷技术包含明确的内部控制政策和程序，以最大化地降低欺骗性行为发生的可能性。它同时要求内部审计员拥有在微型信贷运作方面丰富的经验。为了保护客户，这些监管条例也同时包含了对于公平借贷的要求。

（2）金融合作社管理条例规定储蓄和信用合作社的存款超过8亿坦桑尼亚元（约合80万美元）时就应该受到坦桑尼亚银行的监管。对于金融合作社的最低资产要求与微型金融机构相同（8亿坦桑尼亚元），而且金融合作社被要求遵守与之相似的充足率。金融合作社同时被要求执行由坦桑尼亚银行为微型金融机构建立的监管条例以及其他适用于金融机构的监管条例所提出的会计和咨询等指导方针。金融合作社可以开设分支机构，只要它们遵守相关的监管条例，并且能够证明各成员间仍然保持良好的合作关系。

（3）储蓄和信用合作社要遵守由合作社和营销部门提出的合作社规则。依照法律的框架，合作社的注册将同样适用那些关于储蓄和信用合作社以及微型金融企业的审慎监管条例。

（4）关于非政府组织监管条例的修正案。受监管与不受监管的微型金融服务提供者都在同一个市场针对同一批客户进行运营。因此，为了确保一个公平的竞争环境，并且避免监管套利，国家微型金融政策规定所有的微型金融机构都应遵守一个监管框架。对于那些提供小型信贷的非政府组织来说，为了确保透明的信息披露，它们需要遵守国家会计师和审计师董事会（NBAA）制定的关于会计和审计标准的监管条例。对于那些从捐赠人或国内政府获得资金的非政府组织来说，将通过执行公共金融法提出的相关监管措施来实施管理。由于大多数非政府组织属于这一类，所以大多数本国所运营的非政府组织都将包含在上述措施中。然而，非政府组织的规模、运营水平和会计复杂性是不同的。因此，将根据它们的运营水平进行分组，小一些的机构被要求进行简单的金融反馈即可。

为了适应由国家会计师和审计师董事会提出的关于微型金融运营的管理条例，坦桑尼亚提出了坦桑尼亚金融会计标准第八号修正案，"对银行和相似金融机构的财务报表进行披露"。另外，为了将非政府微型金融组织纳入管理，公共金融法规也同时被修订。根据法律规定，非政府组织同时也需要向信用信息数据库申报它们的贷款情况。

（5）内部控制和内部审计管理。这些监管要求适用于银行、金融机构以及金融合作社，目的在于确保这些机构能够贯彻实施高效的内部控制系统，并且根据内部的政策或程序来辨别出机构运作的风险点，以便于各自的管理部门采取恰当的改正措施。这些监管条例也增强了银行和金融机构内部控制和内部审计功能的质量和独立性，而不会妨碍新的金融产品和服务的发展。关于内部控制和内部审计的监管要求包括：内部控制系统的组成，内部控制的工作人员和管理人员的职责，内部审计员和内部审计功能，制裁和风险控制措施。

（6）关于独立的审计员监管。独立审计员监管条例适用于所有的银行和金融机构（包括微型金融机构），它规定独立的审计员应当承担除了执行常规审计和年度会计报表以外的其他责任。特定审计的范围以及需要准备的报表包括：

- 评估电脑信息系统的准确性、安全性和有效性；
- 关于内部控制的评价；
- 信贷分类的评估；
- 对守法情况及关于反洗钱监管的评估。

（四）总结

坦桑尼亚制定国家微型金融政策以及微型金融法律和监管框架的过程耗费了大量的人力和物力。实践表明，政策制定过程与其最终结果有着同样的重要性。全员参与确保了获得利益相关者的认可，使得利益相关者可以在微型金融方面的经验还很缺乏的情况下更好地理解所涉及的问题和他们各自承担的角色，同时也有利于在不同的利益相关者之间建立信任。在制定监管框架的过程中，参与这一进程的人都有实践的经历。没有任何监管模式可以直接复制使用。最终被采纳的模式极大程度上取决于金融系统的成熟程度、参与微型金融活动的机构种类以及国家现有的法律体系。在对法律框架的评估过程中得到的启示是：尽管实施针对微型金融的审慎监管是必须的，但对于微型金融并不总是必须进行特殊的立法。

坦桑尼亚的微型金融正处于发展初期，为了与其最新发展保持同步，促进其发展壮大，还需要对这一体系不断进行评估。由国际货币基金组织与世界银行组成的评估团（FSAP）在2003年对坦桑尼亚的金融部门进行了评估。在这次评估报告中，它们承认自1991年起政府在进行金融部门改革的过程中取得了显著成效，但同时也发现了大量需要注意的问题。它们认为应该增加低收入人群接触金融服务的渠道。微型金融也同时被认为是推动前沿金融服务的工具之一。

八、利比里亚

在利比里亚，只有小比例的经济活动参与者可以得到正式金融系统提供的服务，其余大部分参与者几乎得不到金融支持。他们通常通过非政府组织、微型金融机构、放债机构、社会储蓄俱乐部、朋友、亲戚及信用合作社获取信贷支持。这些机构的违规行为已严重影响了利比里亚央行促进货币稳定和保持金融体系健全的作用。

通过构建微型金融政策框架及监管框架，可以将现有的非正式信贷机构纳入利比里亚央行的监管范围内，不仅能提高国家货币的稳定性，还能促使国家的金融基础设施更好地满足微型、小型及中型企业的融资需求。这样的监管框架能够创建一个充满活力的微型金融领域，更好地为经济发展服务。

（一）利比里亚的微型金融政策

1. 政策宗旨。为利比里亚金融需求者提供更多更好的服务。将非正式信贷机构纳入国家金融体系内，通过微型金融机构提高对微型、小型及中型企业的服务，服务于农村转型，推进政府减贫战略进程。

2. 政策目标。到2020年，为更多的贫困者提供金融服务，创造出数以千计的就业机会。减少国家贫困，增加微型信贷占信贷总量的比例，通过改善妇女金融服务消除性别歧视，增强商业银行、金融专业机构和微型金融机构之间的联系。

3. 政策措施。完善微型金融机构许可与监管；推动以非政府组织为基础的微型金融机构的建立；推动机构建设来实现微型金融服务提供者和客户的快速增长；为微型金融机构建立监管制度和监管框架；通过提高专业化、透明度及良性管理促进微型金融机构稳健发展；增加存款运用并在低收入群体中培育信贷意识；增强现有微型金融机构的资本实力；扩大微型金融机构的业务范围；增强监管机构、运营商、微型金融受益者的能力；明确微型金融各利益相关者的角色定位；加强与捐助者合作，使捐助与政策目标相协调。

4. 微型金融机构的目标。及时为缺少金融服务的对象提供多样化、稳定可靠的金融服务，保证他们能够从事并发展长期、可持续的创业活动；创造就业机会并提高生产效率，增加居民个人家庭收入以及提高他们的生活水平；提高贫困者在社会经济发展和资源配置过程中的参与度。

5. 利益相关者的角色和职责。

（1）政府：确保宏观经济环境稳定，提供基础性设施（水、电、道路、电信等），确保政治和社会稳定；提供足够的土地所有权和其他产权以满足借款人和金融机构的抵押需求；制定和实施关于微型金融捐赠及外国援助的指导方针以使其与微型金融政策相一致。

（2）中央银行：建立一个全国性的微型金融指导委员会；完善清晰的微型金融政策，为所有利益相关者提供操作标准和指导方针；完善微型金融分支机构及机构制度，促进公平健康竞争；制定微型金融监管框架；通过定期评估微型金融政策来减少监管套利行为；加强商业银行、专业性金融机构和微型金融机构之间的联系；为银行监管者、微型金融机构员工、微型金融行业推动者及实践者组织实施培训项目。

（3）微型金融机构：提供高效金融服务，如信贷、储蓄、商品/

库存抵押、租赁、创新性转让/支付服务；通过透明的竞争性机制招募和留住合格的专业人才；通过连续培训和能力建设项目来提高员工的技能；严格遵守受托责任，确保透明性，落实保护储户存款的责任。

（4）捐助机构。在利比里亚，捐助机构一般为微型金融行业的发展提供补贴基金，捐款或技术援助。它们包括双边机构、多边机构和面向贫困人口的非政府组织。捐助者一般直接将他们大部分的援助直接捐赠给已获许可的微型金融机构，以确保资源的有序注入及透明度。

（二）微型金融机构的监管框架

1. 准许性和禁止性活动。

（1）准许性活动

银行类微型金融机构：吸收存款；提供小额信贷；促进和监督其客户贷款的使用；提供其他金融服务，如国内、国际汇款和转账以及保险；维护和操作利比里亚国内的银行账户；根据微型金融机构与其客户之间协议收取利息。

非银行类微型金融机构：提供小额信贷；促进和监督其客户贷款的使用；提供其他金融服务，如国内、国际汇款和转账以及保险；维护和操作利比里亚国内的银行账户；根据微型金融机构与其客户之间协议收取利息；实现提供微型金融服务的功能，如农村融资及其他小微企业需要的支持性服务。

（2）禁止性活动

银行类微型金融机构不能发放非传统的、基于资产的抵押贷款。

非银行类微型金融机构：吸收存款；外汇交易；公司理财；国际电子转账；经常账户或支票结算业务。

2. 微型金融机构的所有权问题。微型金融机构可以由个人、团体、社区发展协会、私人企业或外国投资者建立。鼓励建立股权多样化的微型金融机构，以提高对微型金融机构的管理水平。计划建立微型金融部门作为分支机构或建立吸收存款的微型金融机构的商业银行，应当缴存一定的实收资本来满足审慎监管要求。

3. 许可/注册登记要求。根据1999年金融法案，微型金融机构的许可权在利比里亚的中央银行，没有授权的情况下任何个人、团体或企业不能进行微型金融活动。关于微型金融的许可/注册登记可以分为两类：

银行类微型金融机构的许可要求：银行类微型金融机构/商业银行在开展微型金融业务时应遵守1999年颁布的《新金融机构法案》。

客户数量多于150名且贷款组合大于500 000（利比里亚币）的非银行类微型金融机构/公司（包括非政府组织微型金融机构）应遵守以下许可要求：从事微型金融业务的企业应当向利比里亚中央银行金融监督管理部门提交申请；提交相关文件的有效复印件；支付100美元的注册登记费；拥有健全的管理信息系统、内部控制体系、与微型金融业务相关的操作手册；报告业务性质、业务范围、机构名称、地址及主要成员信息、所有权结构等详细内容。

客户数量少于150名且贷款组合小于500 000（利比里亚币）的非银行微型金融机构/公司，应遵守以下许可要求：业务操作公共注册；向利比里亚中央银行金融监督管理部门提交机构法人和成员的名称。

4. 审慎要求。

（1）最低资本要求和资本充足率要求。微型金融机构的实收资本不得低于商业银行现行规定水平的50%，利比里亚中央银行保留改变最低资本额度的权利。发起人、成员及其他人员对微型金融机构建立和运营所做的贡献应当资本化。微型金融机构特别是可以从事吸存业务的微型金融机构应时刻维持一个最低资本充足率。资本充足率是微型金融机构资本占风险加权资产的比重，最低适用的比率应为10%，微型金融机构应维持一个比10%略高的比率。

（2）贷款额度。非银行类微型金融机构对个人贷款的最大额度不得超过机构净资产的1%。非银行类微型金融机构不得向其关联方提供贷款。

5. 经营要求。微型金融机构营业过程中应将利比里亚央行授予的授权文件展示在显著的位置；任何微型金融机构更改机构地址均应获取利比里亚央行的批准；根据运营条件，利比里亚央行对微型金融机构的授权每年进行更新；可以从事微型金融业务的非政府组织应将其从事的其他服务与微型金融业务进行分离；所有服务信息应当在微型金融机构经营场所的公共区域展示，信贷员及客户服务人员应当提高客户信贷服务的透明度。

微型金融机构管理团队组成：一是微型金融机构最多拥有7名董事，最少3名为董事会常任董事，其中至少2名为利比里亚居民。至少有2名董事有丰富的专业性银行经验，董事任命需经利比里亚央行的批准。二是首席执行官必须拥有微型金融或相关领域至少5年的工作经验，管理人员必须拥有丰富的微型金融业务服务知识及经验。

6. 公司治理。微型金融机构的董事会主要负责日常管理。为确保实现机构的良好管理，董事会应负责建立战略目标、管理机制以指导微型金融机构的业务活动。同时，董事会还应当建立适当的机制来监控管理层的表现。获经营许可的微型金融机构应当在多样化和专业化的董事会管理之下运作。

7. 遵守反洗钱法律。所有的微型金融机构都要遵守利比里亚央行监管部门印发的《了解你的客户》手册中有关反洗钱的内容、原则及程序。

8. 信用信息系统。中央银行可以建立一个信用信息系统，一是直接或通过指定代理商或授权方收集、存储和处理信贷和其他任何信息。二是直接或非正式地为金融机构的客户提供相关信息。

为了畅通金融服务渠道，中央银行或许应该利用生物的或任何其他适当的识别技术在所有金融机构中建立一个独特的客户编号系统。

微型金融的特性决定，需要一个能够提供微型金融客户信息并辅助决策的信用信息系统。就这一点而言，应扩大目前利比里亚央行的信用信息系统的服务范围，为微型金融行业提供必要的服务。

9. 报告要求。所有微型金融机构应定期向利比里亚央行报告其业务活动。具体如下：

（1）银行类微型金融机构：月度概要报告；月度信贷报告；月度资产负债表；月度存款报告；季度贷款投资组合报告；季度存款报告；季度财务报表；银行基本情况季度报告；年度外部审计报告。

（2）非银行类微型金融机构：月度概要报告；季度贷款投资组合报告；年度外部审计报告。

10. 监管激励。微型金融机构为一直未享受到信贷服务的人们提供了新的借贷机会，但创造这些机会需要得到政府及监管当局的支持。因此，利比里亚央行将非银行类微型金融机构的储备金要求设置为15%。

利比里亚央行可以为微型金融机构建立一个资金池以便必要时向其提供资金，帮助其业务扩张，该资金的偿还利率应当低于现行的市场利率。

11. 监管要求。所有微型金融机构均应接受利比里亚央行监督管理部门的监管。利比里亚央行拥有对该监管框架内所有条款的审查修改权。

九、秘鲁

秘鲁微型金融机构由城市存贷款机构（MSLI，也称 CMAC）、农村存贷款机构（RSLI，也称 CRAC）和小微企业开发公司（ED-PYME）组成。

MSLIs 在 20 世纪 80 年代早期开始运作，是为复制德国巴卡森的成功经验与德国政府合作创建的，由当地政府主导并且在各省运作，通过社区筹集资金来帮助小微企业实现业务扩张。RSLIs 在 1992 年金融改革关闭农业银行以后创建。RSLIs 由当地私人企业家拥有，并且主要面向乡下农畜行业。EDPYME 创建于 20 世纪 90 年代中期，主要规范那些为微型企业提供贷款的非政府组织。由于非政府组织没有从公众吸收储蓄的经验，EDPYMEs 仅仅作为非存款类机构创建。

（一）秘鲁微型金融机构的监管框架

微型金融机构遵守与秘鲁银行业和其他金融机构相同的规范，但在小额资本需求和允许运作数量方面有所不同。

1. 准入规则。在秘鲁，进入金融行业的基本要求在 600-98 号决议中规定。无论是银行、金融公司还是微型金融机构的申请都必须遵守这个准则。

新的金融机构的股东必须通过一个履职能力测试，包括递交他们的简历、租金和物业表以及无犯罪记录。更加重要的是他们的金融行业从业经验和他们自己的金融状况。金融机构的市场定位也非常关键。

申请人还必须提交对申请进入行业的可行性研究报告。第一阶段申请过程完成后，新的机构将接受现场检查，主要审查信息系统、从业人员、业务流程以及主要办公条件。所有申请人必须具备其申请的机构类型的资本管理要求。得到中央银行的许可后，就可以开业运作。

2. 偿付能力风险监管。偿付能力要求主要体现在各机构类型的最低资本要求，而且最低资本要求根据当期PPI每3个月调整一次。

另外，所有金融机构都必须保证最低9.1%的资金充足率，这个比率略微高于巴塞尔委员会建议的8%，主要考虑秘鲁不是发达国家，其金融行业必须具备较强偿还能力以面对发展中国家可能遭遇的金融危机的影响。

3. 信用风险监管。秘鲁信用风险监管要求在808-203号决议中确立，该决议定义了金融系统中的贷款类型、各种客户的风险类别、贷款损失准备金以及抵押品资格等。另外，一般金融法、保险和私人养老金制度综合法、26702号法案，也对单一客户、相关各方和金融机构董事会成员及雇员的金融活动制定了一系列限制。

在秘鲁监管章程里，贷款有四种类型：支持公司和个体经济活动的商业贷款；微型企业贷款（上限为30 000美元）；支持个体消费的消费贷款；使用财产作为抵押，支持建造、修缮或购买房屋的抵押贷款。微型企业贷款、消费贷款和抵押贷款的风险类别仅由逾期天数决定，商业贷款的风险评估还需要评估客户的金融情况。

所有金融机构需向监管机构报告他们的客户信息，而监管机构通过信用部门整合这些信息并共享给其他金融机构。许多客户对超过一家金融机构负债，但是一个客户不能拥有几个风险类别，因为同一个客户只能代表同一种风险，所以通过信用部门整合信息，金融机构能够获得共同客户的风险类别，并根据其他金融机构更高的风险类型定位来重新进行风险评估，而且这些主导金融机构往往是客户总负债的主体（至少20%）。这可以防止借款人从几家金融机构贷款，并选择性偿还。

如果客户违约，根据其贷款违约天数、贷款类型及其财务状况等，贷款损失准备金必须反映出贷款的实际价值。如果存在抵押物，这些准备金可以根据抵押物的流动性来适当降低。

对单个客户的贷款不能超过监管资本的10%，但能够提供更多流动性较强抵押物的可以例外，此时上限可以提高到监管资本的30%。对股东、管理层等关联方的贷款不能超过监管资本的30%，对股东和员工的贷款不能超过实收资本和储备的7%。

4. 流动性风险监管。关于流动性风险的监管要求主要是最低流动性比率。流动性比率被定义为流动性资产除以短期负债。由于秘鲁是高度美元化经济，本币通常随着美元价值变化而变化，因此外币最低流动性比率被定为20%，本币最低流动性比率被定为8%，这样金融机构就可以在外币方面更好地应付美元汇率变化带来的风险。

这些流动资产要求在大多数的微型金融机构很容易满足，这是因为它们吸收的公众存款通常是长期的。除了满足短期债务的流动资产外，还要保持流动资产来满足贷款的需要。

作为其货币政策工具之一，中央银行要求所有吸收存款的机构在中央银行存有准备金。其目的与流动性要求不同，存款准备金意欲减少信贷扩张，而流动性比率是一个降低银行运行风险的管理工具。

5. 市场风险监管。微型金融机构面临最多的市场风险是汇率风险。对于风险暴露有一限制条件：资产大于外汇负债。在银行方面，会按照外汇风险暴露的9.1%进行额外资本要求。由于其服务的市场定位，微型金融机构主要以本币运作，但是也有一些机构由于开展外币业务而致使外币负债大于外币资产。

6. 退出监管。金融机构清盘以前，有持续3个月的监视期，在这期间，金融机构的正常业务开展受到限制，并且进入监视期7天内必须递交重整计划。如果金融机构不履行其重整计划，或者资本充足率低于 4%（或融资杠杆高于 25 倍），或资本缩水 50% 以上，监管机构就进行干预。此时，金融机构暂停其业务，由监管机构管理。干预时间为 3 个月，然后这些机构可能被清盘。

(二) 微型金融监管的经验教训

秘鲁从 20 世纪 80 年代中期就有微型金融机构。后来，MFIs 发生了大量的倒闭，同时也有更多的机构进入市场。从 MFIs 倒闭原因中得到了一些非常重要的教训，这些教训正被应用到秘鲁当前 MFIs 的运作，同时影响到正在申请类似 MFI 执照的机构。

1. 最低监管资本。250 000 美元的最低管理资本被证明是一个非常低的要求，不仅与其他国家 MFIs 最低资本相比较低，而且对于新 MFI 弥补其初始贷款损失和入市过程的费用而言也比较低。事实上，股本与最低监管资本相等的机构的申请不会被批准，所有经营中的 MFIs 的股本都高于 400 000 美元。实际上，更高的最低资本需求已被接受。

2. MFI 贷款组合监督。在传统的现场监督中，常常用一个信用文件样本来评定客户的分类，以确定金融机构是否根据客户风险水平准备充分的贷款损失准备金。然而，MFI 贷款组合主要由微型企业贷款和消费贷款组成，选择样本将要求审查大量的文件，并且要求机构拥有客户更多的信息，但是许多客户没有财务报告，这将成为一种障碍，所以 MFIs 转为依靠信用分析员所做的评估。

MFIs 的现场监管目前涉及对包括所有微型企业和消费贷款的整个数据库的检查，以及挑选商业贷款样本的检查，以确定附加准备金需求。现已了解到有许多 MFIs 发放额外贷款给财务困难的客户，使其能偿还以前的贷款，但并未为这些贷款（也称为重组贷款）准备附加准备金。这引起了对再融资贷款的注意，所以在现场监管中增加了关于这一问题的新的监管内容。

3. 内部控制的作用。MFIs 倒闭的原因之一是内部控制系统没能发现贷款业务的不规范和恶化。最初 MFIs 要求内部审计员向董事会报告，但随着贷款业务的增加，有必要要求这些机构建立一个负责风险评估，特别是针对信用风险的部门，以便永久地监督风险管理的内部准则。随着被监管的 MFIs 数量快速增加，监管机构已不能执行频繁的现场监管，这一机构的建立就显得尤为重要。监管部门现已计划要求 MSLIs 除三个主要管理职能（贷款、结算和管理）外，增加一名额外的经理来进行风险评估。

（三）总结

过去十几年来微型金融机构已成为秘鲁发展最迅速的金融机构。它们弥补了银行业机构的市场空白，而且在看到微型金融机构的正面效果以后，这个市场慢慢地形成了竞争。对这些机构的监管必须基于这个变化的市场、微型金融机构的快速成长以及新巴塞尔资本协议对微型金融的影响。

1. 成长。据估计，微型企业部门在秘鲁经济中占国民生产总值的 42%，雇佣了 75% 的从业人员。尽管 MFIs 资产过去 10 年年均增长 38.5%，9.6 亿美元的微型企业贷款业务仍然是整个金融系统中规模最小的贷款业务，仅占总贷款业务量的 7.9%。

微型金融行业在秘鲁仍有增长空间。从监管的角度看，对于一个行业来说，慢一些的增长对其更为有利。因为高增长率可能使 MFIs 从事比当前风险更高的业务。监管部门已经允许外地 MSLIs 在利马设立分支机构，不仅允许这些机构成长，而且减少它们所在省份的风险披露。

许多 MFIs 通过设定比商业银行更高的存贷款利率来实现发展。然而高利率也可能吸引那些不想还款的客户，他们可以接受更高的利率但没有偿还的意图（逆向选择）。储蓄的高利率也是不可持续的，因为这样会减少财务利差，并且只能吸引短期储蓄账户和高回报储蓄账户，而不是MFIs的长期客户。

根据26702号法案，秘鲁金融业有设置利率和其他费率的自由，但由于前述原因，低利率不仅受客户欢迎而且受监管部门的欢迎。SBS增加了它在透明度方面的努力，发布了更多关于各种贷款有效成本方面的信息，因此客户可以作出更加明智的抉择。除增加透明度外，银行协会还为金融客户设立了一名申诉专员，与国家竞争和知识产权研究所合作，给消费者提供更多书面投诉的选择。

2. 竞争。银行和金融公司在发放微型企业贷款方面也发挥了重要作用，但由于MFI迅速成长，它们在贷款业务中的占比从2001年的63%下降到2004年的49%。然而，由于银行的边际收益开始降低，一些银行机构发现了MFIs的盈利商机而开始向这个市场转移。银行的优势在于它们有广泛的分支网络来提供服务，并拥有更多的资本。

26702号法案创建了一个模块化方案：如果MFIs有更多的股本，外部评级为A或B，由监管机构作出可以提供新服务的专案评估，则其就能够申请到办理新业务的授权。然而，迄今为止，还没有一家MFI获得本模块化方案下的授权。最近该方案作出修改，取消了外部评级要求这一最大的障碍，这对想要吸收公众存款的EDPYMEs和想要获得办理信用卡业务授权的MSLIs来说是个利好。

竞争的效果也可以从各类金融机构特定客户的更低占比中看出来，近4年内，银行业特定企业客户占比下跌超过20%，而MFIs则下降了超过10%。然而这也可能反映金融机构分担了其在服务单一客户时的风险。恶性竞争，比如提供低于A级客户费率的利率，将影响所有参与的机构，一经查实多家机构贷给单一负债人并影响其偿还能力，监管机构将会干预。

竞争的另一个潜在作用将是使最小的MFIs，主要是EDPYMEs，不得不合并以获得更高股本、贷款多样化和为它们的客户提供更多服务的能力。由于 MFIs 的数量较多，监督机构很难利用有限资源进行有效的监管，因此兼并和收购就受到欢迎。

3. 透明度。根据监管要求，MFI 必须向监管部门递交一系列关于其财务状况的报告。递交给信用部门的信息质量的改善会减少 MFI 递交报告的数量，从而减轻它们的负担。信用部门收集金融机构所有客户的信息，并报告他们贷款的正反面信息，包括贷款数额、风险类别等。

十、菲律宾

1985 年，菲律宾政府通过在经济上实施旨在减少政府干预并促进私营机构参与的一整套政策，启动了金融市场自由化的进程。利率上限取消，银行准入和分支行的限制放宽，对农业部门及为农业部门服务机构的主要补贴也被中止了。政策开始从信贷市场干预的传统重心农业部门向更多城市小企业及民生领域转移。总体而言，监管框架发生了实质性的变化，体现了现代化的以市场为导向的金融体系的发展。另外，扶贫开始在政府的发展战略中占据核心地位。尽管多数扶贫政策与以市场为导向的金融政策不相符，但这两种政策共同导致了受监管和不受监管的提供小额信贷服务的金融机构激增。

（一）菲律宾微型金融的特点

菲律宾政府通过采取措施减少经济干预和参与程度，启动了经济自由化的进程，使得政策向市场导向转移。在金融领域，取消了利率上限，有补贴的再贴现计划也大多被菲律宾中央银行（BSP）放弃。为解决 20 世纪 80 年代初的金融危机及危机后银行面临的困难，在经历了1984~1988年的银行准入限制之后，银行准入得以放宽。外国银行成为当地金融舞台上的合法参与者。此外，过去受到严格管制的银行分支行制也有所放松。设立分行及新银行准入自由化的同时，还实施了针对陷入财务困境的农村银行的恢复计划。在新的政策体制下，提供存贷款服务的责任主要由私营银行承担，而政府则专注于提供有利的政策使市场高效运行。

20世纪80年代启动并延续到90年代的金融改革所营造的宽松环境造就了大量银行及金融服务供给的激烈竞争。国内外的商业银行都要占领公司及大型企业市场，并在小范围内占领中型企业市场。因此，各种储蓄银行被迫转向小型企业，而农村银行传统上就比其他类型银行机构更多涉及小额借款领域。

尽管实施了金融自由化，扶贫政策的目标仍然推动着政府继续干预信贷市场。在寻求改革以便消除农业领域的补贴以及直接信贷计划的同时，针对小企业及民生活动的有补贴的信贷计划成倍增加。同时，通过了一系列法律对特定领域提出了强制性借款配额。根据Agri Agra Law，银行在其贷款组合中必须分配至少25%给农业，其中10%必须贷给土地改革受益人，15%贷给农民。该法还将这些贷款的年利率限制在12%以内，每年费用及其他收费为2%或150比索。根据Magna Carta for Small Enterprises，所有贷款机构都要将其信用贷款组合的6%分配给小企业、2%分配给中型企业。

阿基诺政府扶贫计划的一项内阁决议（第29号决议，1988年）允许常规政府部门实施民生工程和项目——实际上是授权将预算拨款用于直接信贷计划。这些计划多通过政府机构来发放大量的补贴。自1997年起，共实施了86个指导性信贷工程，分别由不同的部门/机构、政府金融机构、政府所有及政府控制的公司以及非银行金融机构等管理。这些工程分别针对特定领域，资金来自政府财政拨款、特种基金、捐助机构的开发援助等。其目标包括支持农业增长、推动中小企业扩大、提供就业及民生机会以及提高特定对象的收入。

除政府资助的信贷计划以外，NGO、农村银行、农村合作银行以及信贷互助会也在尝试参与到边缘化的小额信贷领域。不过，自政府开始实施扶贫政策和指导性信贷计划以来，一个明显的趋势是非银行类小额信贷机构数量在增加。可以发现半正式的 NGO 多数是 1986 年以后发起的。事实上，近 90% 涉及贷款的 NGO 在 1986～1988 年以前都未启动（Agabin，1988）。国际发展支援服务有限公司（International Development Support Services Ltd.）的统计也指出，在 1987 年至 1992 年，合作社数量从 4 000 家增加到 17 000 家。

（二）菲律宾的微型金融机构

在菲律宾，农村银行、农村合作银行都开展小额贷款业务。一些非政府组织也参与小额信贷业务，其中由 CARD 非政府组织转化而来的 CARD 农村银行是典型代表。

1. 农村银行。《农村银行法》规定其目标客户为农民、渔民及有小额现金需求的商人。由于有此规定，自 1952 年开始出现以来，农村银行都被视为农村发展的代理人，为小农场主、商人、农村企业以及合作社的生产性活动提供信用融资。这一使命也为农村银行带来了财政、金融以及其他刺激措施的支持。在 20 世纪 70 年代政府主持信贷工程时，农村银行享受的激励措施甚至更多，特别是能从中央银行的再贴现窗口获得成本低廉的资金。因此，农村银行数量激增，并成为农村地区正规信贷的主要来源。不过，随着金融自由化的推进，补贴和激励均大量减少或取消了。目前，农村银行主要都是小型银行，普遍规模较小。如客户数最多的 CARD 银行，客户仅有 15 485 人，紧随其后的是 Mallig Plans Rural Bank，只有 6 678 名客户。对于人口达 7 678 万的菲律宾来说，这些数据明显偏低。

2. 农村合作银行（CRB）。农村合作银行是农村合作组织所有的银行,与农村银行具有许多相同特征。因为它们的所有权属于合作社和联社,农村合作银行具有向股东提供银行服务的职责。

第一家农村合作银行成立于 1973~1974 年,由种植小规模水稻和玉米的农民构成的农民协会组成①。如同家族式农村银行在 20 世纪 70 年代中期的迅速增加一样,农村合作银行受益于政府补贴,如资金分配、中央银行再贴现以及各种税收减免政策也快速增加。

农村合作银行主要为合作社提供服务,其客户大部分为低收入群体,投资组合主要是小额贷款。除了农村银行,农村合作银行已被视为低收入阶层金融服务提供者。由于政府补贴和扶贫战略转向小微企业,农村合作银行已经越来越多地集中于非农、脱农以及与农业有关的农村企业,而不再强调直接的农业贷款。

3. 成功转型的非政府组织。CARD 于 1988 年作为集中培训机构开始运作,开展失地农民生活援助计划,贷款由 Samahan 组织提供。1990 年初开始,失地农民发展基金项目和格莱珉农村银行模式转制工作成为 CARD 的行动重心。在随后的几年中,该机构致力于通过网络分支拓展业务,专注于实现可持续发展。客户数量从项目开始初期的 307 个增加到 1995 年的 4 240 个。当时,作为最初设想的延伸,董事会开始讨论 CARD 转型为银行机构。出于低资本准入和农村发展重点的要求,董事会选择申请农村银行牌照。1997 年 5 月,CARD 农村银行在证券交易委员会注册。

(三) 小额信贷的监管框架

1. 监管要求。菲律宾金融系统的监管框架没有特别针对小额信贷活动的条款和规定。BSP 发布的银行规章手册 (The Manual of Regulations for Banks) 提供了关于银行借款活动的特别和一般性要

---

① 水稻和玉米产业是 20 世纪 70 年代大规模补贴的对象。

求,而多数小企业借款活动适用该规章的一般要求。一般而言,有些银行规章有利于小额信贷,而另一些则对其不利。不过,影响小额信贷扩大的最主要因素不在于银行法律法规,而在于 BSP 的审慎监管。

首先,监管当局没有为小额信贷设置利率上限。根据 BSP 发布的银行规章手册第 X305 条的规定,"任何借款的利率包括佣金、额外补贴、费用及其他收费,或任何资金、商品或信贷的债务偿还期延展,无论其是否到期或有无担保,均不受任何监管上限约束"。之前认定年利率高于 15% 时即为高利贷的高利贷法已被废除。

其次,尽管银行可以要求贷款抵押物,但规章中并未强制要求小额贷款需要抵押。事实上,规章允许银行在贷款组合中维持"一定"比例的无抵押贷款。这样,至少理论上允许正规金融机构采用集体及个人担保的形式发放一定比例的信用贷款。此外,在"有担保"贷款中,规章规定了多种可能的担保物。例如,根据第 X313 条,"贷款可以以个人财产作为抵押";贷款还能以"任何其他个人财产最高市价的 50%"作为担保。据此,可将规章解释为允许用小型营业设备(如缝纫机)及家用电器(如电视、音响、收音机、冰箱)作为抵押品。贷款还能以金额不定的定期存款作为担保。规章第 X101 条规定储蓄银行能够以"珠宝、宝石及类似的物品作为抵押"提供信用贷款。规章第 X311.2 条规定"如果私人财产的所有人能证明以所有人名义连续且未受干扰地占有土地达 5 年或以上,则即使没有所有权,农村银行及合作社银行也可以以土地作为抵押发放贷款"。这一规定使得农民可以在没有所有权的情况下以其土地为抵押。规章第 X319.4 条规定,如果在银行评估中贷款申请人有能力不依赖抵押而偿还其债务,则不强制银行要求抵押品。

最后,针对贷款审批文件,规定中未要求小额贷款必须有正式财务报表。不过,规章明确要求银行仔细研究借款人偿还到期债务的能力。在这方面，第 X319.1 条规定"在发放个人抵押贷款之前，银行必须保持适当谨慎，确定贷款人具有良好的资信状况并有履行其对银行所承担义务的经济能力。为此，银行须记录关于信贷申请人资信状况以及经济能力的信息"。银行可要求申请人提交关于其资产、收入及支出的报表。一般认为这些信息是确定申请人信用可靠程度所必须的。但规章并未对资产、收入及支出报表规定明确的格式，也未要求以任何特定的方式对报表进行认证。因此，银行对如何确定信用可靠程度具有决定权。另外，根据之前提到的第 X319.4 条，如果银行自身能以其他方式确保借款人的偿还能力，则不需要提交资产、收入及支出报表。

与此相对的是，第 X319.2 条要求"（a）以个人抵押申请贷款需同时提交贷款人最新的所得税申报表副本；及（b）如果信用贷款超过 500 000 比索，需提交借款人经独立的注册会计师（CPA）正式核准的资产负债表副本；如果其参与企业经营，还应提交由 CPA 正式核准的损益表"。只有 500 000 比索（约合 12 500 美元）以上的贷款需要 CPA 核准，因此，多数小额借款人不受影响。问题在于需要借款人提供最新的所得税申报表副本，多数小微企业都无法满足这一要求。因为他们被豁免进行纳税申报或收入较低而不需申报，所有小额借款人可能都无法提交所得税申报表。提交财务报表是一般要求，但往往被针对小额贷款的特定信贷项目规定所取代。例如，针对大米和玉米生产者的 Masagana 99 及 Masaganang Maisan 计划下的贷款申请就不要求所得税申报表。类似地，抵押品要求或核准的账务报表都不是必须的。过去，BSP 主持过专为小额借款人设计的短期特别融资项目，这些项目中抵押品都不是必须的。针对小微生产商、小微企业及其他人的短期贷款的类似项目也是如此[①]。

[①] 所述特别融资计划已被 BSP 终止，并转移到农业部和 DBP 及 LBP 等政府性借款机构。

2. 审慎监管实践。尽管没有银行法律法规要求小额贷款必须有担保或正式财务报表支持，但 BSP 审慎监管实践还是可能对小额信贷服务造成障碍。

首先，尽管规章未明确银行贷款组合所包括的"无担保"贷款的比例，但 BSP 的审慎监管设定了最高 30% 的限制，这对小额贷款有深远影响。多数小微企业没有可交易的抵押品或正式财务信息可提供。即使它们有抵押品，所述抵押品的成本往往也超过了贷款的价值。因此，许多小微借款人达不到银行小额贷款的资格。虽然一些银行和 NGO 已成功开发了替代性贷款审批做法，以非正式财务信息、个人品格、职业道德以及集体担保来支持其发放贷款，不过，审查人员可能因抵押品及财务支持达不到适用于大额贷款的传统标准而对小额贷款持悲观看法，所以许多银行并不认可这一方法。而且如果贷款组合中无担保贷款超过 30%，或审查人员所依据的贷款文件不足，银行可能会被处罚和/或需要增加贷款损失储备金。处罚措施包括终止放贷资格和/或禁止再以个人担保发放信用贷款[①]。例如，菲律宾最好的正规小额借款机构之一 CARD 农村银行，不良贷款率仅为 0.02%，但目前已受到规章第 X319.6（a）的处罚，被取消了使用 BSP 信用措施的资格。处罚原因是 CARD 的贷款组合不符合 BSP 关于贷款组合中 70% 要有担保的审慎监管要求。实际上，CARD 农村银行所有贷款都没有担保，而是由集体担保支持。

其次，BSP 的审慎监管实践比规章的规定保守。这是多年来银行系统中问题较多而且较为严重导致的。尽管规章就贷款需要何种担保及财务文件赋予了银行相当的决定权，但银行由于担心被 BSP 怀疑或处罚而不敢放松要求。为了能真正推动小额信贷的发展，银行业者和 BSP 都需要更好地了解小微企业及小微企业借款。

---

① 第 X319.6 条处罚。

最后，银行业者担心由非传统的财务文件支持的无担保小额贷款会被要求更高的贷款损失储备金。BSP将贷款分为"特别提及"、"未达标"、"可疑"或"损失"。分类为"未达标"的贷款需要25%的坏账准备金，而分类为"可疑"或"损失"的分别需要50%和100%的坏账准备金。计提贷款准备金对银行来说是一笔开支，这一开支将抵销收入，且对资本有负面影响。这可能造成银行资本水平下降到最低资本要求以下而面临行政处罚，包括中止贷款业务、中止设立分支行、禁止申报红利以及取消再贴现窗口资格。此外，如果现有股东不能或不愿再注入资金来弥补差额，还必须寻找新的股东，从而稀释了现有股东的所有权。

根据贷款分类指导原则，造成不利分类的主要原因是付款违约、缺乏有利信用信息、经营业绩不佳以及借款人所处行业的经济状况差。指导原则未建议仅仅因小额贷款没有担保且没有传统财务报表的支持就被进行不利分类。缺少抵押物或传统的财务文件，不能作为BSP进行处罚的唯一原因。不过，在对如何管理小额贷款相关风险了解不足，以及政府广泛的指导性信贷的负面经验影响下，对于银行业者和BSP双方来说，无担保的小额贷款发展状况不容乐观。

3. 政府干预。尽管努力迈向自由化，但政府继续对金融领域采取干预措施，有针对性地指导其向有需求的经济领域分配资源。最密切相关的是由政府主导的信贷方案和《大宪章》（*the Magna Carta*）的强制性信贷分配。截至1999年8月，政府约实施了86项指令性信贷计划，其中大部分涉及大型机构和/或客户补贴。因此阻碍了贷款投放，并削弱了金融体系有效分配资源的能力。

20世纪80年代，菲律宾中央银行开始让市场决定利率，取消特定领域的优惠信贷定价，停止提供低于市场利率的特殊定期存款。然而，直接信贷方案，特别是那些政府拨款和国会的资金拨付，则直接为目标客户贴息。信贷补贴阻碍正规的金融中介服务于小额信贷领域，并进一步削弱其财务状况。此外，因为补贴是由政府提供的，主要是出于政治原因，因此信贷补贴使借款人形成还款与否可以选择的观念。

强制性的信贷分配中也发现类似干预情况。菲律宾政府的《综合土地改革法》、《大宪章》小农户部分、高价值作物部分除了恢复利率上限，还强制所有银行为农业、土地改革领域和中小型企业贷款留出一定额度。Agri – Agra 法规定银行的贷款中最低 25% 用于农业贷款，具体地说，必须贷给土地改革受益人 10%，普通农民 15%。根据《大宪章》小企业部分，所有信贷机构都需要分配 6% 的贷款面向小企业和 2% 针对中型企业。

（四）总结

影响菲律宾小额信贷服务的因素主要有三个：政府政策取向不一致、菲律宾中央银行审慎监管存在偏差、小额信贷机构的管理能力差。

1. 政府政策。目前，菲律宾的小额信贷监管环境存在两个不一致的政策取向：一是以市场为导向的发展政策，体现为各种金融市场自由化措施；二是以缓解贫困为目的，由政府对信贷市场进行各种干预以达到政策目标。这两项政策形成了冲突：一个依赖于市场的协调功能，另一个依靠官方指令的具体方案。这导致小额信贷市场参与者向政府施压，寻求更多的关于信贷补贴、贷款额度以及其他的干预性措施。最终形成了一个分割的、受限的小额信贷市场。

2. 监管。法律环境方面，菲律宾扩大小额信贷服务的主要障碍不是银行法律法规，而是中央银行的审慎监管。幸运的是不存在利率上限和高利贷规定，这曾是小额信贷服务盈利的主要障碍。尽管贷款一般都要求有抵押物，但是中央银行审慎监管还是允许各金融机构有一定比例的无抵押贷款。因此，至少在理论上正规金融机构可以发放一定数量的无抵押贷款，例如，集团担保。贷款审批文本方面，审慎监管要求银行仔细研究借款人的偿还能力。但是，他们不指定所需资产、收入和支出列表的格式，也不以任何方式强制进行财务报表验证，因此各银行拥有确定客户信用等级的自由裁量权。

虽然没有设定利率上限的银行法律法规，但是菲律宾中央银行的审慎监管可能对小额信贷服务产生偏见。同样，法规没有规定无抵押贷款的比例上限，但审慎的做法一般将其设置在30%。CARD农村银行这一菲律宾最优秀的正规小额贷款机构，因为其信贷组合不符合30%的限制要求而被制裁禁用中央银行的信用工具。此外，虽然银行在发放贷款方面有相当大的自由裁量权，但是监管者对银行绩效评价方面也有相当大的权力。

自由裁量规定可以用来推动和促进小额信贷活动。然而，也可能存在不利影响，原因是缺乏小额信贷经验、存在对小额贷款相关的风险的误解和政府大规模使用指令性信贷计划。尽管如此，自由裁量规定方面的障碍可以通过培训银行家、银行监管者和审查员关于小额信贷风险和管理控制方面的能力得到降低。

3. 非政府组织转型。关于非政府组织转型为正规的金融中介机构的规定是灵活的。例如，建立农村银行的资本要求低至200万比索（50 000美元），这对大多数非政府组织来说很容易完成，而且也没有冗长的信息及申报规定。CARD银行的转型成功就说明在非政府组织转型方面没有大的障碍。对于寻求转型的非政府组织而言，有很多银行业金融机构模式可供选择。农村银行一直是转型的首选目标，部分原因是其较低的资本要求。此外，法律规定农村银行向小额借款人提供被传统的金融服务提供商边缘化的信贷服务，因此，菲律宾中央银行可能会更愿意向寻求转型的非政府组织授予农村银行牌照。此外，所有机构都允许单一的个人或机构（如一个非政府组织）拥有100%的股份。

在菲律宾正规金融框架内扩大小额贷款服务的主要障碍是大多数农村银行、农村合作银行和寻求转型的非政府组织的管理和技术能力有限。一般情况下，这些机构向弱势群体提供服务，它们的信贷计划是面向微型和小型企业家及农民。与其他商业银行相比，平均贷款规模通常较小，服务对象中妇女的占比较高。然而，这些机构提供有效金融服务的能力有限。

十一、阿尔巴尼亚

阿尔巴尼亚的小额信贷开始于20世纪90年代早期，由政府委员会为发展和巩固金融市场而设立，主要靠捐助支持。这些机构不断增长的规模及其在金融业发展中扮演的重要角色凸显其对改善经济和减少贫困应起到重要作用。同时，小额信贷在规模和业务多样性等方面的发展，除了需要小额信贷机构的努力外，也需要相关政策的支持。

阿尔巴尼亚的微型金融机构主要有：2个储蓄和信用联盟，5个非政府组织、2个有执照的非银行金融机构和3个有执照的主要业务向小额贷款倾斜的商业银行。阿尔巴尼亚的小额信贷覆盖了2.4%的人口和大约80%的国土区域。由于小额信贷在阿尔巴尼亚法律里并没作出界定，所以小额信贷的相关政策导向也并不明确。除此之外，高资本要求等是阿尔巴尼亚微型金融监管的主要特征。

（一）微型金融监管

阿尔巴尼亚小额信贷监管制度的建立始于1998年，当时的目的是建立一个立法框架以便和世界银行的微型信用项目建立联系。阿尔巴尼亚对微型金融的监管因机构性质的不同而有所差异。

1. 储蓄和信用协会、储蓄和信用协会联盟及其监管。阿尔巴尼亚银行在2002年发布了《开业许可监管条例》，以鼓励储蓄和信用协会的快速发展。设立针对储蓄和信用协会的专门法案的原因是，只有储蓄和信用协会有合法吸收和运用存款的权利。对储蓄和信用协会的监管是通过储蓄和信用协会联盟实现的。联盟扮演的角色是促进和协调储蓄和信用协会的活动，同时为其提供金融服务、管理咨询和培训。联盟的另一个重要任务是监管储蓄和信用协会的会员。通过定期的检查和非现场监管，联盟向阿尔巴尼亚银行提供了关于储蓄和信用协会的活动以及他们的风险的必要信息。事实上，受限于阿尔巴尼亚银行有限的分支机构和资金状况，对于储蓄和信用协会这样的小机构的监管也没有其他的办法。联盟对储蓄和信用协会实施的审慎监管也被认为过于严格。储蓄和信用协会除了贷款损失准备金比率要比一般银行高之外，信用贷款、资本增长率以及贷款增长率都受到严格限制，除了经营贷款，证券、债券及其他政府批准的投资工具方面都受到限制。

2. 微型金融机构和非银行金融机构的监管。阿尔巴尼亚小额信贷业允许除了储蓄和信用协会以外的微型金融部门在获得非银行金融机构开业许可的条件下提供贷款业务。尽管这些机构不允许吸收存款，但是仍然在审慎监管框架内。这被认为是太过苛刻，因为它们还不足以危害金融系统安全，其主要风险还是由所有者自己承担。

首先，现有制度框架的主要缺陷是没有对微型金融进行确切的定义。更基本的是，没有对微型信贷的数额给予确定，以便有一个衡量标准。如果有关部门想支持低收入群体获得金融服务，首先应该对机构的本质和它们的服务范围进行明确的界定。微型金融机构可以被定义为提供的贷款组合中小额信贷占较大比重的机构。因此，要实现这种诉求，就要把微型金融机构从非银行金融机构里区分出来，设定一个以非审慎监管为主要内容的监管制度。

另外，从事微型金融需要更高的资本要求。当前以非政府组织为主体的微型金融是由民法授权开展业务的，且需要至少 120 万美元的资本才能得到执照。这样的资本要求是不提供借贷服务的非银行金融机构的 5 倍，相比一些没有最低资本要求的国家就更高了（世界银行，2008）。资本充足率要求主要是根据微型金融贷款组合比商业银行贷款组合具有更高的波动性来设定的（CGAP，2003）。由于缺少抵押品使得小额信贷风险更高，因此资本充足率被要求为 10%，而不是商业银行的 8%。即使是对风险贷款完全覆盖，这个比率也有点严格了。在监管框架中，风险贷款占总贷款的比重不超过 8% 并不是必须设定的内容。

非审慎监管的主要内容是贷款记录、税收情况、消费者保护、内部控制以及审计。税收主要是用来判断一个企业是否需要小额信贷支持。即使微型金融机构的支持者似乎一致认为由于其社会作用而不该向其收税，事实上针对不同类型微型金融机构仍然采用了不同的税收政策。储蓄和信用协会及其联盟由于它们非营利的本质而免税，但商业银行涉及微型金融的部分要对其盈利收取 10% 的税。

（二）结论

在发展中国家，微型金融业几乎都在急速扩张，随着规模的扩大和服务项目的增多，对其监管也显得更加重要。监管当局主要考虑的是居民存款的安全以及金融市场的稳健性。

因此，在以下情况中应该实施审慎监管：

——微型金融机构吸收公众存款时；

——机构的活动规模大到足以影响整个金融系统安全时。

如果大部分微型金融机构不具有前面提及的特点，比如阿尔巴尼亚，更注重贷款效率、消费者保护以及产业发展的非审慎监管就应该被采用。

阿尔巴尼亚首先需要对微型金融进行定义，确定一个微型金融的标准值，以便实施正确的微型金融发展政策并避免许可的滥发。其他的一些可以考虑的内容是降低对非银行金融机构的最低资本要求、简化审批程序及文件要求、实施税收平等，以此来促进行业发展，鼓励更多的参与者进入并避免市场扭曲。

另外，需要将微型金融作为一个行业来实施监管，并且制定吸引商业银行进入微型金融市场的监管框架，帮助那些非正式的新机构向正规化发展。

十二、其他国家

（一）玻利维亚：私人金融基金（PFF）

1995年，玻利维亚根据总统法令创立了私人金融基金，作为非银行金融机构为小微企业和个人提供购买耐用品的资金渠道。PFF可以放贷，从事金融租赁和保理业务，还可以吸收储蓄和定期存款。

中央银行和银行与金融机构监管局对PFFs有监督权。主要的监管要求包括：要求PFFs是企业法人，具备最低100万美元的实收资本（相当于银行的1/3）。最低资本充足率为10%，总资产组合中可用于贷款的最大份额是股权价值的2倍。对股权价值有非常严格的限制。PFFs要服从适用于银行的监管方法，还要服从专门适用于微型金融机构的监管方法，包括信用评价、客户访问等。最近一项研究估计，使一家PFF正式化，即引导一家机构（如非政府组织）成长至PFF的标准的成本在70万美元。另外，准入一家PFF的成本大约2.4万美元，监管一家PFF的年成本为4.2万美元（部分成本可以通过收费收回）。

相较于很多其他国家对非银行金融机构和微型金融机构的规定，PFF要求的最低资本金非常高。当然，这并不证明它过高，只是代

表一个相对严格的行业准入政策。另外，这一制度没有为微型金融机构提供正规化和成为更高层次金融机构的途径。最后，PFF 的制度框架近年来大量使用在消费金融中，导致出现过度负债和掠夺式放贷问题，影响了微型企业金融市场。

（二）加纳：非银行金融机构（NBFIs）

加纳的《金融机构法》为微型金融供给者提供了一个非银行金融机构模式，包括储蓄机构和各类财务公司。其基本要求是：最低大约 14 万美元的实收资本金（后来调整为 21 万美元），最低资本充足率维持在 10%，取得加纳银行（BOG）的许可。

这些机构可以分为三类：吸收零售型存款的机构、吸收批发型存款的机构、不吸收存款的机构。吸收存款的机构和只开展贷款业务的机构都要受到监管，前者是更为严格的审慎监管。只开展贷款业务的机构也可以向加纳银行申请吸收公众存款的特殊许可。更重要的是，商业用贷款、分期付款和小额贷款的准备金提取计划明显不同，反映了微型信贷资产的潜在波动性。对于集团担保的贷款，设置了比个人贷款更高的上限（1 400 美元和 140 美元），从而能符合"小额"的定位。但是，集团担保不反映在风险权重标准中，动产抵押也是一样。不吸收存款机构的监管规则在很多方面都与其他两类相似，主要的差异在于最低资本金要求更低，并且要把负债对自有资金的比重维持在 10:1（而不是与吸收存款的机构一样使用资本充足率指标）。乡村银行被视为银行的一个子类，有自己专门的监管法规。对乡村银行的监管根据《银行法》执行，NGOs 不受监管。当 NGOs 有意愿转型为受监管的机构时，需要近两年的最低资本金增加 30 倍，这非常困难。

（三）乌干达：吸收存款的微型金融机构 MDIs

乌干达一直在设计微型金融监管政策。乌干达银行（BOU）的政策将金融行业设想为四层：（1）银行；（2）非银行金融机构；（3）吸收存款的微型金融机构；（4）只发放贷款的微型金融机构和非正式机构。属于第四层的微型金融机构，如果规模低于某一标准，将被法律排除在外，乌干达银行也不对其进行监管。

《MDTIs 法案（2001 年）》，提供了吸收存款的微型金融机构的许可和监管的框架：根据一个可调整公式确定最低资本金，初始水平设定为大约 40 万美元；"核心"资本（缴足的股东权益）的最低资本充足率为 15%，总资本的最低充足率为 20%；对捐助资金设立的机构，捐助资金必须转换为次级债务并以现金支付，或者补充等量的准备金，这一要求可以理解，但相当严格。

（四）印度尼西亚：各种各样的微型金融机构

印度尼西亚有约 14 000 家正式和几千家非正式的微型金融机构。其中只有大约 1 000 家私人拥有的微型金融机构受中央银行——印度尼西亚银行的监管。更广为人知的是"地方银行系统"，这些地方银行，曾经属于印度尼西亚人民银行（BRI）运行的农业信贷项目，1983 年转型为 BRI 旗下提供全面服务的乡村银行，因此形成了世界上最大的微型金融网络。地方银行系统拥有 2 300 万名储户和借款人，贷款总额将近 500 亿美元。几乎人人都认为 BRI 的地方银行系统是个巨大的成功。

地方银行系统受到混合形式的监管。印度尼西亚银行授权 BRI 通过在其分支和区域审计办事处配备工作人员对地方银行系统进行监管。运营地方银行系统的 BRI 乡村部，独立于 BRI 的商业银行网络之外。整个地方银行系统进行统一定价，但是每个地方银行都被视为一个利润中心，独立生成并核查资产负债表。每半年会对这些地方银行进行业务评比，BRI 对业绩好的地方银行予以现金奖励。在应对东南亚金融危机中，BRI 地方银行系统的表现比印度尼西亚其他金融机构都要好得多。

印度尼西亚的《银行法—1992年》还准许一个第二层次的机构——小农户的信贷银行（Bank Perkreditan Rakyat，BPR）。BPRs受到较少限制，对其最低资本金的要求也很低。印度尼西亚大约有超过2 400家BPRs，贷款余额达2亿美元。尽管印度尼西亚银行持有监管它们的权利，但通常将大部分权利授予省级发展银行。与商业银行不同，BPRs没有接入支付系统，而且只能提供储蓄和定期存款服务，不能吸收活期存款。另一类数量较多的微型金融机构是村镇银行（Badan Kredit Desa，BKD），大约有5 435家。与BRI地方银行相比，BKDs的规模小，平均存贷款额度低。BKDs只能在其当地村庄范围内使用存折存款。印度尼西亚已经授权BRI对BKDs进行监管。BKDs要根据BRI的年度监管预算支付监管费用，据以往经验，费用约为BKD经营成本的25%。

（五）南非：小额放贷者

南非小型金融监管委员会（MFRC）作为一家授权的监管机构，是针对1999年颁布的《高利贷豁免法》所设立的。放款人所放贷款只要符合如下情况：金额不超过10 000兰特（约1 000美元）且能在36个月内偿还的借款，或信用卡和支票账户透支，且放款人向MFRC登记并遵守豁免的相关规定，不管利率高低，都为合法。

根据豁免通知运营的MFIs只能开展贷款业务，无权吸收零售型和批发型存款，也因此无须满足审慎要求。同时，它们要定期向MFRC报告，MFRC负责检查这些机构遵守公司治理和消费者保护的情况，以及负责回应投诉、向政府和公众报告。年度现场检查采取外部审计方式，并要求对收益和贷款数据提交季度报告。这些规则和程序旨在促进以盈利为目的的微型信贷服务更加规范和合法，进而促进微型金融行业的可持续发展。MFRC对非注册放款人不具有正式监管权限,但 MFRC 可以通过为非正式机构提供临时注册,作为向正式机构转型的过渡手段。

(六)西非经济货币联盟:互助式 MFIs

1996 年,西非经济货币联盟的 8 个国家,同意对 MFIs 监管使用统一的方法:互助储蓄和信贷支持项目条例(PARMEC),该法的监管对象主要采用互助模式或合作社模式的 MFIs。PARMEC 要求联盟中国家使用统一的监管标准,但却不得不容忍部分地区的利率管制,这是这项法律最明显的两个弊端。

PARMEC 的意图是将所有的 MFIs 纳入监管范围,因此,贷款机构要么根据银行法注册,遵守 PARMEC 标准,要么像非正式机构一样置于监管之外,但会面临包括刑事处罚在内的制裁。PARMEC 具有混合监管的形式,即存在层级监督、相互控制和公会、联合会控制。较高层次对低层次具有内部监控要求并进行审核。一个低层次实体只能从属一个高层次实体。层级管理的顶层负责管理成员的盈余资金,接受存款,发行可转让票据,并受中央银行和银行委员会的直接监管,这在一定程度上促进了监管任务的分工。

第六部分 微型金融监管的经验总结

对金融机构实施适当监管,能最大限度地调动和融通资金,提高资金的分配效率,确保恰当的风险管理,保护储户利益。当 MFIs(特别是规模较大的机构)没有恰当管理和监控时,微型金融行业内部会形成市场风险。采取任何制度都必须应对 MFIs 监管的特殊问题,包括大多数 MFIs 缺乏可以满足资金需求的所有者资金、MFIs 的贷款方式使审计和纠正措施(比如贷款延期偿付)很难发挥最大作用以及 MFIs 监管的潜在高成本等问题。

由于 MFIs 的客户来自社会最贫困的家庭,如果 MFIs 破产或欺诈,带给他们的财产损失将是灾难性的。这些客户还缺乏判断 MFIs 风险的金融专业知识,理想情况下的监管应该鼓励 MFIs 避免过度风险。

从本质上说,MFIs 监管就是通过提高财务会计和交易报告的透明度,提高经营和财务的可持续性来增强 MFIs 的声誉,防止欺诈活动。对任何金融机构来说,监管都是以保护储户的存款及信心、加强金融系统为目的。由于信息和数据收集困难,会计准则薄弱,缺乏职业精神以及存在政治干扰,金融监管在发展中国家经常失效。标准的 MFIs 法律框架应该明确监管机构的作用、MFIs 进入和退出的准则以及可持续的业务操作范围和准则。其目的是保护小储户的利益,加强流动性管理,实现经营和财务的可持续发展,防止道德风险。

一、对微型金融监管特殊性的总结

建立有利于微型金融发展的法律和监管框架,必须重视这一群体与现有被监管金融机构之间的差异。

首先,微型金融机构不能依赖政府或捐赠者的支持,需要吸引私人资本。监管应该帮助 MFIs 建立适当的资金管理、盈利模式以及内控机制,提高运营和财务的可持续性,实现长期的可持续性发展。一些发展中国家的 MFIs 依赖捐赠和补助,如果捐助资金停止,这些 MFIs 可能倒闭。

其次,哪些机构应该受到监管?普遍认为,为了避免扼杀底层的金融创新,最好不对非正式的、小规模的组织(如 ROSCAs)实施监管。有专家进一步认为,没必要对不吸收存款的机构进行监管,因为这些机构并不会对监管者的核心关切(支付系统风险和储户存款安全)产生影响。但是,为提高透明度、市场稳定性和控制不公正操作,很多国家已经对那些"只贷不存"的机构实施监管。另一方面,捐助机构、微型金融行业协会等又鼓励对 MFIs 进行监管,以帮助选择资助对象,加强行业声誉、阻止欺诈或不良行为,实现深化微型金融市场,提高微型金融服务的便利性,促进竞争和创新服务等目的。

再次,如不加修改地将银行监管用在 MFIs 身上,往往会失效且过于繁重。微型金融尝试深化金融市场,为微型企业和贫困家庭提供服务;同时贷款单位成本高,投资组合较为单一且回报不稳定。多数运行良好的金融系统中,都只对从公众吸收零售型存款的机构实施审慎监管,包括定期报告和审查、遵守资本金要求。对只开展贷款业务的机构，可适用于放贷人的一般法律法规和监管准则，由所有者、投资者和债权人进行监管。要为监管制定目标，即在储户保护和金融系统安全方面，收益要大于成本和相关风险。审慎监管向第三方发出信号：政府是那些核准机构的后盾或者会为其稳健性负责。

通过全部或部分豁免对 MFIs 的监管要求，允许它们在较低层面上创新。为了鼓励创新和节约监管资源，对那些只有少量成员存款，不吸收非成员存款的 MFIs 只采用最低要求，向中央银行注册登记并定期发送报告，遵守透明度和消费者保护要求。对发展规模较大的（在成员、贷款余额和市场份额方面）只开展贷款业务的机构，应该加强报告制度和监督管理。

最后，由于体制上存在差异，一些 MFIs 起源于不受监管的非政府信贷组织，在非营利的基础上，致力于为贫困阶层提供服务，更多地关注于社会目标而不是财务问责和可持续性；另一些 MFIs 明确地以利润为导向。这种差异带来不同的成本结构和资金来源，也应该适用不同的监管标准。

二、MFIs 监管的类别

（一）行业自律

行业自律的职责集中于 MFIs 自身，而不依靠政府的强制约束力。行业自律采取的主要方式是制定一系列的行为指导准则，依靠专门设立的机构去约束该行业所有成员的行为。独立的评级机构也可以承担监管的任务。如孟加拉国的行业自律组织 Palli Karma Shahayak Foundation（PKSF）。但是，缺乏政府参与的监管在保护存款者利益、防范金融风险方面缺乏公信力，难以得到整个社会的广泛认可。

(二) 银行法监管

在银行法监管模式下，MFIs 被视为另一种形式的金融机构，参照金融机构进行监管。在孟加拉国、尼泊尔、菲律宾、泰国等国家，立法者把银行法的约束力延伸到 MFIs 的监管中。考虑到很多商业银行正在进入小额信贷领域，由银行法监管下的商业银行来提供微型金融服务，在管理结构、成本控制和盈利能力方面存在一定优势，商业银行也更容易满足如财务数据披露、资本充足性、筹集资金能力等其他条件。按照银行法监管，政府机关、外部机构或者私营监管机构可以对 MFIs 采取现场或非现场监管，也将监控 MFIs 的业务活动及资金运用目的和有效性，MFIs 出现财务危机的时候政府出手援助的可能性会更大。可以通过分层银行和分级管理修改现行的金融监管方式以适用于 MFIs。

因此，银行监管者可以在法定框架下促进 MFIs 进行风险管理，系统地发展并转型成为能提供更全面服务的组织。如印度尼西亚人民银行、泰国的农业和农业合作社银行（BAAC）。孟加拉国、菲律宾和越南都授权各自的中央银行作为临时的 MFIs 监管者，根据银行法实施监管。在尼泊尔，微型金融发展银行受到"银行与金融条例（2004 年）"正规的审慎性监管。

(三) 专项法监管

这种方法潜在地降低了该行业的准入壁垒，更适合 MFIs 的发展需求。但也降低了 MFIs 与其他非政府机构结合以转型为银行的动力。专项法监管还会导致监管成本和政治干预的增加。比如，在巴基斯坦，"微型金融机构条例"允许微型金融银行在为其专门制定的指南下开展业务，并接受巴基斯坦国家银行（中央银行）的管理监督。国内外宏观经济环境、有效的治理和政策都将决定专项法监管方法的持续性。

每种监管方法各有利弊，根据银行法监管似乎比专项法监管更有效。在部分发展中国家，由于执行方面的问题，行业自律是失效的。可采取"善意忽视"的政策，或将监管权授予私人机构（如批发机构或微型金融行业协会）。一般认为，由于存在内部交易和监管套利的问题，行业协会的自我监管是无效的。从批发机构、商业银行或者其他正规实体获取资金用于放贷的 MFIs 要服从债权人监督。有时，中央银行还利用市场激励对这部分机构进行管理，或者要求那些大规模的债权人报告他们对 MFIs 的债权情况。

由批发机构对 MFIs 进行监管经常被视为金融监管者直接监管的有力辅助。但是，批发机构的借款人与监管角色存在潜在的冲突。特别是当债务人违约时，批发机构作为债权人去追索权益会伤害存款人的利益，而纯粹的监管者可能会更好地保护存款人的利益。把批发机构的监管对象限制为不吸收存款的机构将减轻这一冲突，但不会消除。另外，批发机构经常被要求不仅要调节资金，还要促进金融市场发展，提供培训和其他能力支持。批发机构很难完全按商业规则行动，从而带来道德风险。

三、监管的一般方法

一旦政策制定者认为监管是必要的，就需要确定一个监管框架，明确监管领域（即市场的哪部分要进行监管）和监管机构，确保建立的各类规则之间，以及监管和执法使用的工具之间具有一致性。

（一）分层

微型金融监管方法可以大致分为四类：根据银行法进行强制控

制；根据慈善模式予以家长式的支持；整合了银行和 MFIs 的分层框架；不进行监管。

如果重视 MFIs 通过吸储和投资自行融资，实现市场化，就需要对微型金融和正规金融进行整合。一个可行的方法是，鼓励银行和其他金融机构向下整合微型金融市场。这种方法在美国和欧洲等流动性非常强的市场中效果最好，因为此类市场具有相对稳定和完善的金融部门，人均收入在中等水平以上。一个替代方法是，在亚洲和非洲这种比较贫困的市场中，帮助 MFIs 实现阶段性成长、巩固和正规化，进而进行监管。当然，困难是平衡创新深化和金融市场整合等目标之间的关系，同时为储户和投资者提供合理的稳定性保障。

实际操作中，一个分层的金融框架既包括自上而下的整合，也包括自下至上的整合。金融行业的第一个层次是商业银行，对它们有高水平的最低资本金要求和严格的审慎监管。第二层次是吸收存款的机构（比如储蓄银行、建筑资金融资合作社或存款协会）和不吸收存款的 NBFLs（比如财务和保险公司）。任何吸收存款的机构都要受到审慎监管，但是它们通常比银行数量多、规模小，因此有时会由银行监管部门之外的机构进行监管。在贫困国家，这两层具有许可的机构通常只为很小一部分的人口服务，而其他机构——信用社、放贷人、ROSCAs 等为大部分人群提供服务。就服务的客户量来说，微观金融行业基本是至今最大的行业，将 MFIs 设置为一层或多层结构的想法是为了满足该行业稳定性和进一步发展的需要。正如储蓄机构（通常）是规模较小的机构，在运营中会比商业银行受到更多限制，具有许可的 MFIs 可以在一个为其量身定做的制度下行使有限的权力。

Van Greuning 等人对分层结构这一想法表达得最充分。在他们的研究中，根据机构的资金来源进行分层：公众的钱（存款）、成员的钱（在合作社的例子中）、其他人的钱（捐赠资金）。因此，资产负债表的负债方行为决定注册和监管的需求。由于资金来源和相应风险上的差异，机构需要进行内部控制；而当机构动员的资金超过一定临界值，就应该对其进行强制性的外部监管。具有更大业务范围和更高风险的每个临界值或每一层都要匹配更加严格的监管。想要进入更高一层，MFIs 需要加强自身业务，达到足够大的业务范围，并实现经营上自给自足。进入更高层次，会相应地扩大权限，比如有权吸收一定类型或规模的存款；有权办理资金转账；（在证券机构注册后）有权发行可公开交易的股份；或者有权从商业银行和其他来源获得批发性融资。

表 2　　　　　　　　　　　分层框架

机构类型	需要监管的行为	对外部监管的需求	监管机构
融资来源为捐赠资金的类别 A（其他人的钱）	通过垄断地位和投机行为剥削借款者；行业再融资来源取决于行业信心	有利的环境（竞争、市场透明度、法律等方面的安全保障）	无或自我监管团体
融资来源为商业贷款或发行证券的类别 A	此外还有：投机性地吸收批发存款可能会伤害投资者的利益	通过公司设立、证券交易监管保护投资者	混合监管或自我监管团体
类别 B（成员的钱）	吸收成员的存款	小型、非正式的存款和信贷组织：没有监管需求。建议以合作社或 ROSCA 的形式注册；联合会使用强制的会员制	批发机构
类别 C（公众的钱）	吸收公众的存款，MFIs 的运作和投机行为伴随风险	针对 MFIs 特点量身定做的法律	政府或混合监管，可能会授权于私人机构

构建金融行业的分层时有两个主要标准。第一个标准是：金融监管的首要任务是维护系统的安全和稳健，特别是当影响到支付系

统和储户利益时。因此，根据机构持有负债的类型来确定系统的各个层次是有意义的。其次，通常还需要根据规模大小进一步细分，规模大小可以作为注册临界值和监管要求。最后，最好将规模和负债与允许的业务范围相联系，因为一些大型或金融服务经验丰富的机构容易受到这方面的限制，应该向它们提供开展某些业务的权利。

第二个标准是：管理和实施这一分层框架的可行性。设计上有缺陷的框架很容易造成伤害。监管制度应该促进机构负有责任感地成长，这必将带来竞争、整合、一些机构的破产和一些市场利益的消失。这一框架需要权衡诸如创新、学习、竞争、规模、稳定性等各种因素。

（二）稳妥比率

一是资本充足率。在很多国家，对资本充足率的监管都是一个挑战。大多数情况下，银行设置的比率对于微型金融机构来说都过低。当风险的降低大于或等于其带来的预期社会收益和个人收益的降低时，严格的资本充足率标准就是合理的。在巴塞尔协议或类似的全系统标准下，潜在投资者容易认为 MFIs 的风险过高。可供选择的方法包括：选定一组贷款的风险指标，基于这些指标设置资本充足率；要求低于某一特定额度的所有贷款都设置更高的资本金；要求小型（或不完善的）金融机构维持比大型机构更高的资本充足率。所有的这些方法都考虑到了微型金融的特殊性质，但是它们还是容易被认为对 MFIs 持有偏见，因此需要进行全面的解释。

二是资本金要求。只依靠资本充足率不能解决 NGO – MFIs 开始吸收存款带来的问题。一般来说，这些组织提高最低资本金并保证资本充足率的资金都是由赞助者或捐赠者提供，即这些有风险的资金并没有"所有人"。在很多国家中，如果 NGO – MFIs 没有满足经营银行所需达到的要求，不允许其吸收存款。应对这一问题可选择的方法包括：对这种组织设置更高的资本金要求，或者要求提供一定形式的股权等价物（如担保或次级债）。一个旨在既满足监管者的苛刻要求又满足 MFIs 的灵活性需求的提议是，利用 NGO – MFIs 所持有信贷资产的净现值来测算初始资本金，达到这一资本金，NGO 可以申请转型为一家受监管的 MFI。

三是应急储备金要求。对大多数 MFIs 来说，严格的审慎监管是必要的，因为贷款组合的质量具有波动性。MFIs 的一个普遍特点是，它们的贷款组合具有单一性；只有全国性的大型 MFIs 才能避免这种单一性。监管者可以要求 MFIs 设置比银行标准更高的应急储备金，通过这种方式调控大多数 MFIs 的单一性风险。这也有助于减轻 MFIs 的流动性风险——MFIs 的流动性风险比正规金融机构的要高，因为在微型金融市场中支付问题的蔓延度更高。

四是贷款准备金要求。审慎监管的另一个方面是通过报告制度和贷款准备金制度来控制 MFIs 的资产质量。通常，需要为消费者贷款或小额商业贷款采用小额信贷特别待遇。微型金融方法论还提出一个审计方面的挑战。孟加拉乡村银行最近暴露的问题说明，为了打造一个公平的领域，在报告制度和贷款准备金制度上采取整个行业统一的标准非常重要。

五是准备金要求。对待微型企业贷款要与对待消费者贷款采取相同或相似的方式，即需要细致的监控和比商业贷款更迅速的准备金提取计划。秘鲁的金融危机表明，管理不善的微型金融资产会迅速恶化。大多数发展中国家现金和信息流动缓慢，会进一步加剧这些问题。为了监控潜在的资产质量蔓延现象，需要 MFIs 至少每月报送会计财务报表，对那些最大型的 MFIs 至少要两周一次。

六是抵押物要求。大多数金融系统并不认为群体责任具有安全价值，而且很多只认可不动产抵押。关于对 MFIs 的无抵押贷款是进行累计限额，还是根据单一借款人的比例加以限制，以及在多少限额之下（如果有的话）无须限制，各个系统的认识也不尽相同。一些国家已经找到容纳群体安全性的途径，这并不表示对安全性的强制性规则不再需要，而是说，在微型金融领域，意识到小额信贷至少与担保贷款同样安全的监管方式更为有效。

（三）监督和报告制度

如果不能对其进行有效监督，最细致的法规反而无效，甚至更糟。有利于商业银行资产监控的系统——内部审计系统、分层贷款审批系统、文件和存档系统——在大多数的 MFIs 中都不完善，一些情况下甚至不存在。考虑到 MFIs 资产组合的风险状态、波动性和贷款技术，监控稳妥比率以及其他用于发展商业银行的规则对微型金融来说效果都不大。

报告和非现场监管制度必须适用于微型金融领域。考虑到 MFIs 贷款组合的单一性和容易迅速恶化的潜在风险，一个相对严格的报告制度有利于监管者获得有用、及时的信息。一些专家认为，这个新兴行业的比较数据不充足，不能满足有效的非现场监控目的。另外，鉴于银行审查员使用的抽样方法大多数都不适用于微型金融行业，因此监管者要更多地关注于 MFIs 的风险管理质量和信息系统——后者特别重要，因为 MFIs 的分散经营和经理人对实时监控信息的需要。个人小额信贷所代表的小风险也建议重点关注这些监督和报告制度。

除此之外，运用于商业银行的执法工具在微型金融领域也不是非常奏效。例如，临时停止放贷直到解决相关问题，这对商业银行监管来说是一个有用的策略，但是在微型金融领域就可能造成严重破坏。这将会危及现有贷款的收回，因为现有贷款主要是在 MFIs 作出"如果按期还款就能增加贷款额度"的承诺下发放的。停止贷款的命令会违反 MFIs 和客户之间的隐性协议，并有可能削减现有贷款的价值。其他工具，如实行新的管理制度或强制合并，对 MFIs 来说都不可行，因为 MFIs 具有各式各样的模式和目标。

（四）对准入、运营、退出（升级）的监管

金融机构要遵守一系列的监管要求，不仅是资本充足率、合理的管理等核心审慎要求。政策制定者要设计适应小额信贷现实情况的非审慎标准，以促进市场的稳定和发展，而不是对其进行压制。

一是行业准入和退出要求。必须认真考虑对 MFIs 设立、转型为受监管实体，以及升级到更高一层造成影响的要求。这些要求包括：最低资本金要求、机构形式和治理要求、对股东的限制。

过高的最低资本金要求会对 MFIs 的准入和转型施加很大的阻碍，当然如果要求过低的话，准入机构会太多，也给监管者造成困扰，最终导致退出和整合。应该如何设置最低资本金要求？一种建议是评估所在市场的经济规模，并鼓励 MFIs 朝这个方向发展。这种评估方式在不同的国家容易产生不同的结果，考虑到潜在需求、经济规模、资金供应等因素。一些国家，比如菲律宾，根据机构所在地区的不同（基于大小、人口和城市化等方面）量体裁衣式地设置资本金要求。在机构形式和所有权方面，必须综合考虑公司治理、资产所有权、国外控制和洗钱等因素之间的平衡，防止过于灵活的行业准入和固定的资金来源。这种平衡通常会遭受阻碍，带来负面后果，比如在洪都拉斯，基于对洗钱行为的考虑，制定了个人对金融机构持股的限制，导致 NGOs 几乎不可能成为受监管的 MFIs。因此，要对安全与创新进行认真权衡。

政策制定者必须谨记设定准入要求的全部成本和收益。一项研究估计，在玻利维亚，除了最低资本金要求之外，成立一家非银行 MFIs（PFF）的成本大约在 70 万美元，包括：可行性研究，法律咨询，电脑和安全系统，程序手册，人员招聘和培训，以及一系列的机会成本。总之，最低资本金要求只是准入成本的一部分，政策制定者应该认真估算全部成本，从而理解进入壁垒并相应地调整政策。

最后，成功的实践表明，对进入这一市场的机构来说，需要一个转型和退出的路径。经验表明，对小型非正式微型金融组织（比如旋转信贷与储蓄协会 ROSCAs）的设立、注册或监管采取不施加要求的宽容做法是非常明智的。另外，对新出现的 MFIs（比如意图扩大服务范围和客户基础的村镇银行和 NGOs），最好先进行临时注册，设置宽松的准入标准，直到它们进入快速成长阶段，再施加更为严格的要求。在 MFIs 的发展后期，扩张的服务和客户群将使更严格的规则、担保和监督成为非常合理的。进入系统的任何一"层"通常都需要满足相应的标准，比如要判定主管的能力，评估管理系统，提交商业计划书或可行性研究报告，审查业绩记录及机构的自给自足水平。虽然运用这些标准时会不可避免地涉及一些主观判定，但检查这些指标，如果合理地实施，有助于建立准入机构的事前稳定性。

二是运营监管。包括对日常操作的几个方面进行监管，限制要求有：高利贷法律和利率上限、贷款记录要求和一些业务方面的限制，如开设分支机构、营业时间等。

利率管制已成为金融法或信贷政策的一部分，这些规定把利率限制于一个特定的范围内，或者限制利率达到高于平均商业利率或基准贷款利率的某一特定比例。这两种限制方式，如果执行的话，都会致使 MFIs 的经营陷入困难。另外，这些规则还将对借款人造成损害，因为它们遏制了正规信贷的供应，迫使借款人进入一个更不透明，有时甚至更恶劣的非正规信贷市场。事实显示，在许多情况下，并不强制执行这些限制规则，在短期内为 MFIs 创造了生存空间。但同时也带来倒闭风险，或者说至少会引起敲诈和腐败行为。在一些情况下，MFIs 有资格在利率上限方面获得有限制的正式豁免，比如在南非，微型放贷人在授权的私营监管者处登记注册并遵守其规则，即可获得豁免资格。

对银行和 MFIs 的运营还有另外一些限制条件。很多国家制定贷款文书，有时使用这些文书还需支付公证费和其他费用。在任何情况下，贷款文书要求都是不合理的，因为债权人通常都会积极使用最能确保还款的文书类型。设立分支和营业时间的要求也非常普遍，已经明显影响了 MFIs 服务客户的范围。通常情况下，银行采用的规则对 MFIs 来说不够灵活，比如要求全天营业和固定、安全的办公场所，MFIs 往往难以做到。有几个国家允许金融机构采用"替代平台"，比如移动的银行部门，这比正规的分支机构更灵活也更经济。

运营监管还包括对公平对待和信息披露的要求。微型金融的借款人（如贫困家庭和微型企业）相对弱势，公平的披露要求变得更加重要，如真实的贷款标准、公平的信用报告标准使贷款文书、贷款流程和信用评级具有透明性，减少信息阻碍。这些标准的执行情况不尽相同，有时由中央监管机构执行，有时由独立的消费者征信机构执行。在南非，微型金融监管者有权对已注册的放贷人强制执行这些标准。

四、微型金融未来发展思路

全球微型金融业依然面临一系列挑战。一是市场增长过快且竞争异常激烈。这导致各类借款客户大幅增加，微型金融机构的信贷风险增加，抵御外部经济环境恶化的能力下降。二是微型金融机构经营管理能力依然薄弱，无法实时调整信贷政策来适应市场的变化。三是微型金融抵御道德风险和逆向选择的能力在下降。微型金融一直被作为一项社会发展和扶贫工具不断引入非竞争环境中，但是随着商业化和竞争的加剧，出现了部分借款人多头借债和拒绝还贷现象。在很多地区，这三种趋势呈现出相互叠加影响效应，最终导致微型金融客户过度负债和小额信贷危机的出现。

为避免微型金融社会性发展工具和过度商业化带来的弊端，必须在社会性和商业化之间取得平衡，寻求"社会化商业"道路。社会性是其发展核心内涵，而商业化是其可持续发展方式。这次国际微型金融业遇到的小额信贷危机应该被看做是重塑微型金融业社会性为核心的契机，把金字塔底层客户的金融服务需求重新放到其经营管理的核心位置。

微型金融业要以社会性为核心，并不是要把行业再次带回依靠补贴和捐赠，单纯从事小组贷款的老路，而是要在此次小额信贷危机中总结经验教训，改变以往过度经营扩张方式。其中最重要的一步就是要把金字塔底层客户金融服务需求重新放到其经营管理的核心位置，深入了解底层客户的生产生活方式和他们的需求，并以此为基础设计适当的产品并持续改进小额信贷的社会影响力。这就要求微型金融机构的管理层和员工都要具备社会责任感，同时加强员工培训和客户识别能力。虽然这些手段需要支付额外的成本，但从正面来看，微型金融投资者和经营者将会获得更大的社会回报，也会使得微型金融机构得到更好的可持续发展。此外，国际微型金融业的长远发展也离不开监管部门的明确定位和相关基础设施建设，包括金融消费者保护、征信系统建设、促进行业监管等方面。

（一）准确的战略定位

微型金融的服务对象是中低收入人口，这些人口通常不能或者极少能够纳入传统金融覆盖网之内。微型金融要实现可持续发展，就不能放任市场发展，其战略定位必须与国家的经济社会发展阶段相适应、与该国金融要素禀赋相匹配。

美国和加拿大把微型金融作为完整金融体系的一种功能补充，

目标是最后把所有人纳入正规金融体系，之后不再需要微型金融。从美国的数据看，每投入一笔小额信贷，就能够新增 2.4 个工作岗位。2/3 的借贷者实现了增收、改善住房条件；大部分微型企业主最终从微型金融转移，纳入到传统金融的服务中。这是一种顺其自然、按照规律办事的模式。否则，即使将微型金融放在最优先发展的位置，无视发展规律，只会欲速则不达。一些国家经历过微型金融的高速发展，但这是在经济和金融基础尚不充分具备的情况下强行实施的，必然在经济中造成一定程度的扭曲，本质上是与微型金融市场化的目标相悖的，事实也证明是不可持续的。

（二）合理的政策制定

政策制定者必须设立合理政策目标、全面度量政策效应、审慎监控政策实施。根据丁伯根法则，政策目标和政策工具之间要有内在相容性。微型金融面临的最深刻的问题，就是发展微型金融的宗旨和实现手段之间不相容的问题——社会化目标和市场化手段之间的矛盾。微型金融机构要想摆脱捐助、实现自生能力、实现有效率地配置资源，就只能商业化运营。在市场经济全球化的今天，这必然带来利率定价市场化与激励机制市场化，不断推高微型金融的门槛，最终导致微型金融机构在商业化与扶贫等社会目标之间进行抉择。

战略层次的政策制定者应在事前给予有效指导。实际上，如今已经有越来越多的有识之士支持将扶贫目标从微型金融的宗旨中剥离出来。

（三）创新的风险控制

摆脱高额利润对风险控制带来的不利影响、制约华尔街式的激励机制对风险控制的侵蚀，不仅是当前整个金融业面临的深刻问题，也是微型金融机构面临的现实问题。相比于传统银行，微型金融机构的业务风险更高、风险类型更多、风险控制更难。仅在小额信贷的整个流程中，就涉及客户特征风险、自然风险和市场风险、经营性风险、机构和政策性风险以及宏观经济风险。这对微型金融机构的风控体系有着非常高的要求。一些国家在短期内实现了微型金融的高速发展，但是由于对风险机制认识不足、风险体系建设迟缓，在外部世界性金融危机和内部系统性风险爆发的双重夹击之下，付出了惨痛的代价。除去不可抗因素，微型金融机构曾经取得巨大的成绩，而今又陷入发展"瓶颈"，恰恰说明微型金融机构赖以成功的风险控制体系亟待创新，才能够适应信息经济时代日新月异的环境，适应新型金融模式的不断涌现和新型金融市场的迅速崛起。

参考文献

［1］Alfred Hanning, Edward Katimbo – Mugwanya, 2000. "How to regulate and supervise microfinance: Key issues in international perspective." FSD series No. 1.

［2］Adam McCarty, 2001. "Microfinance in Vietnam: A Survey of Schemes and Issues. Final Report." Hanoi: British Department of International Development and State Bank of Vietnam.

［3］Alfredo Ebentreich. 2005. "Microfinance Regulation in Peru: Current State, Lessons Learned and Prospects for the Future." Essays on Regulation and Supervision.

［4］Ameyaw, S. 2000. "Bank of Ghana and the Establishment of Rural and Community Banks Network". In IFAD/Afraca/GTZ.

［5］Association of Supervisors of Banks of Americans, 2010. "Guidelines of principles for effective regulation and supervision of microfinance operations." ASBA.

［6］Asian Development Bank, 2002. "Preparing the Framework for Microfinance Development, Inception Report." Hanoi: Asian Development Bank.

［7］Barr, Michael S., Sendhil Mullainathan, and Eldar Shafir. 2008. "Behaviorally Informed Financial Services Regulation." Washington, D. C.: New America Foundation, October.

[8] Bank Indonesia and GTZ. 2000. "Legislation, regulation and supervision of microfinance Institutions in Indonesia." Jakarta: Project ProFi (Promotion of Small Financial Institutions).

[9] CGAP, 2012. "A Guide to Regulation and Supervision of Microfinance." CGAP.

[10] David Kalyango, 2005. "Uganda's Experience with the Regulatory and Supervisory Framework for MFIs." Bank of Uganda, May.

[11] Derk Bienen & et al., 2009. "Ethiopian Microfinance Ownership & Governance." Occasional Paper No. 27, Association of Microfinance Institutions.

[12] Donaghue, K. 2004. "Microfinance in Asia Pacific." Asian – Pacific Economic Literature. Volume 18, Page 41.

[13] Fitzgerald, Thomas, Miranda, Feliciano et al., 2000. "Regulatory Barriers to Innovative Lending Practices: Traditional Approaches to Bank Supervision." A report submitted to the Credit Policy Improvement Program and the National Credit Council, Department of Finance, January.

[14] G. C. Rubambey. M. 2005. "Policy, Regulatory and Supervisory Environment for Microfinance in Tanzania." Essays on Regulation and Supervision.

[15] General Statistics Organization, 2003. "The Socio – economic Developments in the Year 2003." Hanoi.

[16] Getaneh Gobezie, 2005. "Regulating Microfinance in Ethiopia, Making it more effective." April.

[17] George Omino, M. 2005. "Regulation and Supervision of Microfinance Institutions in Kenya." Essays on Regulation and Supervision.

[18] Gomez, Arelis, Fitzgerald, Thomas and Vogel, Robert, 2000. "Regulation and Supervision of Microfinance Activities: The Philippines Case Study (Draft)." mimeo, IMCC.

[19] Helms, Brigit, and Xavier Reille, 2004. "Interest Rate Ceilings and Microfinance: The Story So Far." Occasional Paper 9. CGAP. September.

[20] Joselito Gallardo and et al., 2003. "Comparative review of microfinance regulatory framework issues in Benin." Ghana, and Tanzania, June.

[21] Kereta, B. 2007. "Outreach and Financial Performance Analysis of Microfinance Institutions in Ethiopia". African Economic Conference, Addis Ababa.

[22] Khawari, A. 2004. "Microfinance Does It Hold Its Promises: A Survey of Recent Literature." Hamburgisches Welt – Wirtschafts – Archiv Discussion Paper 276.

[23] Lapenu, C., and M. Zeller. 2002. "Distribution, Growth, and Performance of the Microfinance Institutions in Africa, Asia and Latin America: A Recent Inventory." Savings and Development, 26 (1): 87–111.

[24] Ledgerwood, J. 1998. "Sustainable Banking with Poor: Microfinance Handbook—An Institutional and Financial Perspective." World Bank, December.

[25] Mamiza Haq, Mohammad Hoque and Shams Pathan, M. 2008. "Regulation of Microfinance Institutions in Asia: A Comparative Analysis." International Review of Business Research Papers Vol. 4, No. 4, Aug. –Sept. 2008, pp. 421–450.

[26] Nazirwan, M. 2004. "Microbanking: a sustainable model for

micro enterprise financing." The international visitor program, Bank Rakyat Indonesia.

［27］Nguyen Dinh Luu, 2004. "Discussion on the Development Orientation for Semi – formal Microfinance in Rural Areas in Vietnam." Banking Review. Hanoi: State Bank of Vietnam.

［28］Nguyen Xuan Hien, 2004. "The Contribution of the PCF System to the Development of the Collective Economic Sector." Banking Review. Hanoi: State Bank of Vietnam.

［29］Patrick Meagher. 2002. "Microfinance Regulation in Developing Countries: A Comparative Review of Current Practice." IRIS Center, University of Maryland.

［30］Pacific Island Working Group, 2012. "Techniques for supervising depository microfinance institutions." DMFIs.

［31］Robinson, M. 2005. "Why the Bank Rakyat Indonesia has the world's largest sustainable micro banking system and what commercial microfinance means for development." Paper presented at BRI's international seminar on micro banking system. Bank Rakyat Indonesia, Bali, Indonesia.

［32］Rutherford, S. 2005. "Reaching the poorest." IDPM Manchester and Micro Save, Bangladesh. www.adb.org/Documents/Events/2005.

［33］Vogel, Robert C., Gomez, Arelis and Fitzgerald, Thomas, 1999. "Microfinance Regulation and Supervision Concept Paper (Draft)." mimeo, IMCC.

［34］Wolay Amha, 2000. "Review of Microfinance industry in Ethiopia: Regulatory frame – work and performance." Occasional Paper No. 2, August.

[35] Yigrem Kassa. M. 2010. "Regulation & Supervision of Microfinance Business in Ethiopia: Achievements, Challenges & Prospects." Be Presented at International Conference on Microfinance Regulation, March 15 – 17, Bangladesh, Dhaka.